Emmas Feelgood-Küche

EMMA HATCHER

Emmas Feelgood Küche

100 einfache und leckere **Low-FODMAP-** Rezepte für einen gesunden Darm

riva

Ich widme dieses Buch meinen Lesern, ohne die seine Entstehung gar nicht möglich gewesen wäre. Ihr seid wirklich toll und steckt da genauso mit drin wie ich. Dieses Buch wird euch hoffentlich ein wenig von der Inspiration und Unterstützung zurückgeben, die ich euch verdanke.

Inhalt

Liebe Leserinnen und Leser,

zuallererst möchte ich feststellen, dass ich wie so viele von Ihnen bin: geschäftig, aktiv, zufrieden. Außerdem habe ich allerdings einen Darm, der sich einfach nicht an die Regeln halten will.

Doch glücklicherweise liebe ich ihn mittlerweile, und er liebt mich. Klar, es gibt Höhen und Tiefen, manchmal kämpfen wir miteinander – insbesondere, wenn es um Milchschokolade geht –, doch die meiste Zeit verbringen wir harmonisch zusammen und genießen köstliche Nahrung, die wenige so genannte FODMAPs (alles dazu lesen Sie ab Seite 20) enthält.

Auf Speisen zu verzichten, die viele FODMAPs enthalten, muss nicht schwer sein. In diesem Buch werde ich erläutern, wie ein FODMAP-freundliches Leben funktioniert, und meine Lieblingsrezepte mit Ihnen teilen. Ein gesunder Darm kann eine sehr große Auswirkung auf Ihr Leben haben, und ich hoffe, dieses Buch wird Ihres genauso zum Positiven verändern, wie es bei mir der Fall war.

Viel Vergnügen und alles Liebe,

Emma

Folgen Sie »She Can't Eat What?!«

www.shecanteatwhat.com instagram.com/shecanteatwhat facebook.com/shecanteatwhat
Twitter – @shecanteatwhat

VORWORT DES »FODMAP FRIENDLY«-TEAMS

Vor einiger Zeit hat Emma Hatchers Blog unsere Aufmerksamkeit erregt. Dort präsentiert sie nicht nur schöne, positive und freundliche Bilder: Ihre Persönlichkeit scheint durch den Inhalt, den sie bietet. An erster Stelle steht ihre Leidenschaft, anderen Menschen mit Lebensmittelunverträglichkeiten zu helfen, und wir konnten spüren, dass das der Beginn von etwas ganz Großem war.

Wir trafen Emma zum ersten Mal in London, als wir 2015 von Melbourne kommend an »FODMAP Friendly« arbeiteten. Seitdem haben wir unsere Beziehungen zueinander erweitert, mit dem Ziel, das Wort FODMAP zu verbreiten und sowohl eine enge Freundschaft als auch Gelegenheiten zur Zusammenarbeit aufzubauen.

Emma weiß aus eigener Erfahrung, wie lästig es sein kann, an einem Reizdarmsyndrom (RDS) oder auch nur unter einigen seiner Symptome zu leiden. Und wir sind sicher, so geht es auch vielen unserer Leser.

Tatsächlich ist eine von sieben Personen chronisch vom Reizdarmsyndrom betroffen. Aus medizinischer Sicht handelt es sich um ein Leiden des Dickdarms und eine chronische Erkrankung, die eine langfristige Behandlung erfordert. Zu den Symptomen zählen Krämpfe, Bauchschmerzen, Blähungen, Durchfall und Verstopfung. Toll, nicht wahr? Selbst wenn bei Ihnen keine Reizdarm-Diagnose gestellt worden ist, kann es gut sein, dass auch Sie schon einige dieser Symptome nach dem Essen wahrgenommen haben.

Die gute Nachricht ist, dass eine Vorgehensweise entdeckt wurde, die bei über 70 Prozent aller Betroffenen zu einer Verbesserung führt.

Studien haben in den letzten beiden Jahrzehnten gezeigt, dass FODMAP-Zucker (was das ist, erfahren Sie ab Seite 20) Symptome wie bei einem Reizdarmsyndrom auslösen, da der Körper nicht in der Lage ist, sie in den ersten Stadien der Verdauung aufzuspalten. Diese Zucker werden im Dünndarm schlecht aufgenommen und gelangen folglich in den Dickdarm, wo sich Bakterien mit ihnen auseinandersetzen – ein Vorgang, der als Fermentierung bezeichnet wird. Dadurch entstehen Gase, die zu vielen unangenehmen Symptomen wie den bereits erwähnten im Verdauungstrakt führen können.

Zahlreiche Untersuchungen haben bei der Behandlung des RDS immer wieder die generelle Wirksamkeit einer Ernährungsweise mit wenigen FODMAPs bestätigt. Zu den wichtigsten Beispielen zählen in diesem Zusammenhang:

- Eine australische Studie, die gezeigt hat, dass 85 Prozent der Patienten mit Einführung einer FODMAP-armen Ernährung zur Behandlung ihres Reizdarmsyndroms von einer Linderung der Symptome berichteten (Shepherd et al, 2006).
- Eine klinische Studie des King's College London (Staudacher, 2011) über die Behandlung des RDS, die gezeigt hat, dass die Durchführung einer FODMAP-armen Diät über einen Zeitraum von sechs Wochen bei 78 Prozent der Patienten eine Verbesserung brachte.
- Eine klinischer Versuch, der von Ärzten an der »University of Michigan Health System« durchgeführt wurde und nach vier Wochen zu dem Ergebnis kam, dass der Anteil der Patienten mit einer deutlichen Verbesserung der Intensität ihrer RDS-Symptome und ihrer Lebensqualität in der Gruppe mit einer FODMAP-armen Ernährung beträchtlich höher war als in der Vergleichsgruppe – 61 Prozent versus 27 Prozent.

Infolgedessen gilt die Umstellung auf eine FODMAP-arme Ernährung heute weltweit als empfehlenswerte Behandlung für das Reizdarmsyndrom. Dieser Ansatz wird nun von Gesundheitsexperten auf der ganzen Welt befürwortet und wurde kürzlich in die Richtlinien des »National Institute for Health und Care Excellence« (NICE, Institut des britischen Gesundheitsministeriums) aufgenommen, das in Großbritannien wissenschaftlich abgesicherte Empfehlungen für die Gesundheit und Pflege ausspricht.

Eine Ernährungsweise mit wenigen FODMAPs erfordert Engagement, doch dieses Buch wird es Ihnen erleichtern. Die Diät selbst besteht aus drei Phasen – Ausschluss, Wiedereinführung und Beibehalten –, die sich aus der Erforschung und den

Erkenntnissen rund um die Behandlung des Reizdarmsyndroms durch eine Reduzierung der FODMAPs ergeben haben.

Während Sie diese drei Phasen durchlaufen und die Menge der FODMAPs in Ihrer Nahrung reduzieren, haben die Wände Ihres Darms eine Chance, sich zu regenerieren und zu heilen. Das Endziel besteht darin, so frei wie möglich zu leben und zu essen, mit den geringsten Einschränkungen, die für Sie akzeptabel sind. Je mehr FODMAPs Sie nach der Heilungschance für Ihren Darm wieder in Ihre Ernährung aufnehmen können, ohne dass Symptome auftreten, desto gesünder (und zufriedener) wird Ihr Darm wahrscheinlich sein.

Neben der Ernährung spielt beim Reizdarmsyndrom auch der Stress eine große Rolle. Es kann schwierig sein, mit den damit verbundenen Symptomen umzugehen, was wiederum das Stressniveau steigern kann. Leider geht der Stress dann mit einer Verschlimmerung der Symptome einher, wodurch sich auch die Gesamtsituation verschlechtert. Die Scham und die Hilflosigkeit, die mit gastrointestinalen Symptomen verbunden sind, können zu einer gesellschaftlichen Isolation führen: Situationen, die ein gemeinsames Essen und Trinken mit einschließen, können sich wie ein Albtraum anfühlen, und manchmal ist es schlicht einfacher, sie aus Angst vor möglichen Symptomen zu meiden.

Es gibt auch in zunehmendem Maße Untersuchungen über die Verbindung zwischen einem insgesamt gesunden Darm und Depressionen, aufgrund der Interaktion der zentralen Nervensystemsfunktion im Gehirn mit den Verdauungsprozessen im Körper. Diese Verbindung ist als »Darm-Hirn-Achse« bekannt und ein ständig wachsender Forschungsbereich, der uns größere Einblicke in die Beziehungen zwischen Gefühlen, Lebenssituationen und Immunsystem im Darm liefert.

Aus diesem Grund und da Sie Ihren Darmwänden die Gelegenheit zur Regeneration und Heilung geben sollten, kann die Einführung einer FODMAP-armen Diät auch dazu führen, Symptome wie Stress und Ängste zu reduzieren.

Und wer sind wir? »FODMAP Friendly« ist weltweit das einzige registrierte Zertifizierungswarenzeichen, das den Gehalt von FODMAPs auf abgepackten Nahrungsmitteln bestätigt. Unsere Aufgabe ist es, Lebensmittel zu testen und ihren FODMAP-Status anzugeben. Jede Nahrung wird unabhängig in einem zugelassenen wissenschaftlichen Labor von einem Team aus qualifizierten Wissenschaftlern und Technikern geprüft. Die FODMAP-Schwellen wurden in Übereinstimmung mit den entsprechenden Forschungsergebnissen festgelegt. Lebensmittel, bei denen die Werte unter den festgelegten Schwellenwerten liegen, gelten als für die Zertifizierung geeignet und können das grüne »FODMAP Friendly«-Logo tragen. Dieses Logo ist auf der Verpackung zu sehen und soll den Spekulationen beim Einkauf im Lebensmittelmarkt, beim Lesen der Etiketten und bei den verwirrenden Zutatenlisten ein Ende setzen! Das grüne »FODMAP Friendly«-Logo ermöglicht es Ihnen, Produkte auszuwählen, von denen Sie wissen, dass sie im Hinblick auf ihren FODMAP-Gehalt von unabhängiger Seite getestet worden sind, sodass Sie sie bedenkenlos zu sich nehmen können.

Unser Ziel ist es, die öffentliche Aufmerksamkeit und das Verständnis für den Umgang mit dem Reizdarmsyndrom zu steigern und dafür zu sorgen, dass eine FODMAP-arme Diät sich leichter umsetzen lässt. Als Emma und der Verlag Hodder & Stoughton uns gefragt haben, ob wir Co-Autoren dieses Kochbuchs werden wollten, freuten wir uns sehr über die Aussicht auf eine Zusammenarbeit – und waren begeistert von den Rezepten! Emmas persönliche Geschichte, ihre Tipps und Tricks für alle Lebenslagen sowie die Informationen, die wir zu diesem Buch beigesteuert haben, werden Ihnen zeigen, dass Sie nicht allein sind, dass die Gesundheit des Darms wichtig ist, dass Sie Ihre Symptome in den Griff bekommen können und dass Sie weiterhin wirklich köstliche Speisen zu sich nehmen dürfen!

Wir hoffen, »Emmas Feelgood-Küche« wird Ihnen gefallen.

Das »FODMAP Friendly«-Team

Meine Geschichte

Um ehrlich zu sein: Die Diagnose von Lebensmittelunverträglichkeiten, eines Reizdarmsyndroms oder einer anderen Verdauungsstörung … NERVT! Ein empfindlicher Darm ist nicht toll, und meiner ist – wie bei vielen von Ihnen auch – empfindlich, solange ich denken kann.

Wir reden nicht wirklich darüber, denn das macht einfach keinen Spaß. Niemand mag Därme. Schon das Wort allein lässt mich ein wenig erschauern, und obwohl bei mir im Alter von vierzehn Jahren ein Reizdarmsyndrom diagnostiziert worden ist, rede ich, darauf angesprochen, mit gedämpfter Stimme von »RDS«. Als ob die Abkürzung und die rasche Beendigung des Themas es in der Öffentlichkeit ein wenig akzeptabler und politisch korrekter machen würden.

Doch leider können Sie bestimmte Situationen nicht gesellschaftsfähiger machen – dass Sie beispielsweise den Geburtstag eines Freundes früh verlassen müssen, weil Ihr Magen sich um gut 20 Zentimeter ausgedehnt hat und Sie sich vor Schmerzen krümmen; oder dass Sie einen Abend im Restaurant auf der Toilette statt am Tisch sitzend verbringen, weil Ihr harmlos klingendes Gericht Schäden in Ihrem Inneren verursacht. »Ich habe die ganze Nacht nicht geschlafen, weil mein Darm wirklich gelitten hat.« hat nicht denselben Stellenwert wie »Ich habe eine schreckliche Erkältung/eine fiese Migräne und fürchte, dass ich das heute nicht schaffen werde.«.

Vielleicht geht es Ihnen wie mir: Wenn die Symptome kräftezehrend – und einfach nur lästig – waren, wollte ich weder zur Arbeit gehen, noch mich weit weg bewegen. Ich hasste es, bei meinen lieben Freunden zu Hause zum Abendessen eingeladen zu sein und erklären zu müssen, warum ich dies oder jenes nicht essen konnte, und ich war immer vorsichtig mit dem Besuch eines Festivals oder einer Party, wenn mein Darm rumorte – man kann ja nie wissen. Selbst das Völlegefühl und die Trägheit nach jeder Mahlzeit waren frustrierend. Kommt Ihnen das bekannt vor?

Als ich fünfzehn Jahre alt war, schlug mein Arzt mir zum ersten Mal vor, auf Weizen zu verzichten, und ich nutzte die Gelegenheit in der Hoffnung, das könnte meine Schmerzen lindern. Es half mir zwar für ungefähr ein Jahr, doch dann begannen die Symptome erneut, sich bemerkbar zu machen. Ich musste wieder zum Arzt gehen. Jedes Mal schlug er mir ein neues Lebensmittel vor, das ich weglassen sollte, und jedes Mal hatte die Einschränkung nur begrenzt Erfolg. Ich erlebte Phasen mit guten und schlechten Wochen und merkte rasch, dass auch Stress eine sehr große Rolle spielte. Ich versuchte alles – von einer Änderung der Essenszeiten bis hin zu anderen Portionsgrößen –, doch nichts half langfristig.

Erst als ich einundzwanzig Jahre alt war und noch immer unter schrecklichen Symptomen litt, bestätigten mehrere Krankenhausaufenthalte, dass eine Glutenunverträglichkeit und das Reizdarmsyndrom die Hauptschuldigen meiner Krankheit waren, und ein Ernährungsberater schlug mir eine FODMAP-arme Diät vor.

Innerhalb von zwei Wochen veränderte sich mein Leben komplett.

Die lästigen Magenschmerzen und Blähungen waren ebenso weg wie die ständigen Gedanken: »Oh Mann, was hat es diesmal ausgelöst?« Ich fühlte mich weniger gestresst, ich hatte mehr Energie, und ich war zufriedener, weil ich nicht dauernd von meinem Darm frustriert war! Ich hatte davor nicht wahrgenommen, wie sehr er mein Leben schon seit meiner Jugendzeit beeinträchtigt hatte.

Das einzige Problem bestand darin, dass diese unglaubliche Diät noch relativ unbekannt zu sein schien. Die Informationen, die ich damals von meinem Ernährungsberater erhielt, füllten lediglich ein wenig inspirierendes, vierseitiges Merkblatt; und bei meiner Recherche stellte ich schnell fest, dass es an einfachen, nährstoffreichen Rezepten fehlte, die zugleich gesund und FODMAP-arm waren.

Die traditionellen, gesunden Rezepte, die ich fand, enthielten häufig viele FODMAPs. Und die (wenigen) existierenden FODMAP-armen Rezepte waren fettreich, allesamt äußerst fleischlastig und enthielten eine Menge verarbeiteter Zutaten. Ich wollte aber nicht nur Symptome vermeiden, sondern auch einen gesunden und gut genährten Darm haben sowie wirklich tolle, leckere Speisen essen. Und ich weigerte mich zu glauben, dass man nicht alle drei Punkte unter einen Hut bringen konnte.

Also schloss ich mich in die Küche ein und begann zu kochen. Ich ermunterte (mit sanftem Druck) meine Familie und Freunde, meine Kreationen zu probieren, und die großartigen Reaktionen, die ich erhielt, waren ebenso klasse wie mein Wohlbefinden.

Ich rief einen Blog mit dem Titel »She Can't Eat What?!« (Sie kann WAS nicht essen?!) ins Leben und füllte ihn mit meinen Erfahrungen und den einfachen, gesunden und FODMAP-armen Rezepten, die ich zubereitete. Mein Wissen rund um die FODMAP-freundliche Küche – und meine Leidenschaft für das Essen – wollte ich teilen, anderen helfen, und während meiner

Beschäftigung mit dem Thema dazu beitragen, für ein besseres Verständnis von Verdauungsstörungen und Lebensmittelunverträglichkeiten in Großbritannien zu sorgen.

Ich hatte keine Ahnung, wie viele Menschen einen empfindlichen Darm hatten, unter dem Reizdarmsyndrom oder anderen Verdauungsstörungen litten, bis ich begann, darüber zu sprechen. Ich erhielt Nachrichten von Personen aus aller Welt, die mir mitteilten, wie toll es war, nun mehr Informationen und einfache, alltagstaugliche Rezepte zu bekommen. Diese Menschen sind so kraftvoll, vergnügt und authentisch – wahrscheinlich weil sie verstehen können, was der jeweils andere durchgemacht hat.

EINE NEUE ERNÄHRUNGSPHILOSOPHIE

Ich esse unglaublich gern. Wirklich. Oft witzele ich, dass ich gelernt habe, köstliche FODMAP-freundliche Speisen zuzubereiten, weil ich gierig bin und ein Leben ohne leckeres Essen nicht aushalten könnte. Doch in einer immer geschäftigeren Welt mit zunehmendem Druck und Stress war es tatsächlich nie wichtiger als jetzt, über das nachzudenken, was wir essen – und wie es unsere Gesundheit beeinflusst. Es gibt zwar viele Aspekte, die bei einem gesunden Darm eine Rolle spielen, doch der Nahrung kommt die größte Bedeutung zu.

Das Reizdarmsyndrom oder ein empfindlicher Darm beeinträchtigen so viele Betroffene überall auf der Welt. Durch das Bloggen, durch Treffen und Gespräche mit Menschen habe ich erkannt, wie viele von uns ihre Symptome ignorieren. Wir sind so beschäftigt, und die Beschwerden sind so normal geworden, so sehr Routine, dass wir fast vergessen, dass sie da sind. Wir sind sehr von unserem Körper und unserem Bauch abgeschnitten – da nehme ich mich nicht aus; und wenn ich in der Arbeit stark beschäftigt und dann abends unterwegs bin, können schon mal ganze vierundzwanzig Stunden vergehen, ohne dass ich einen Moment Zeit hatte, darüber nachzudenken, was ich gegessen habe oder wie sich mein Darm fühlt.

Viele von uns essen Woche für Woche dieselbe Fertignahrung und sind außerordentlich beschäftigt. Doch was wir essen, wie wir es essen und zubereiten, gehört zweifellos zu den wichtigsten Dingen, die wir für unsere Gesundheit tun können. Eine gute Beziehung zur Nahrung aufzubauen ist entscheidend, und ich möchte gegen die Vorstellung angehen, dass Kochen kompliziert, langweilig oder zeitaufwendig sein muss, insbesondere wenn es darum geht, einen empfindlichen Darm zu versorgen.

Unsere Verdauung entscheidet über die Gesundheit jeder Zelle in unserem Körper. Eine starke, effektive Verdauung kann zu einem hohen Energieniveau, einer strahlenden Haut, tiefem Schlaf und guter Laune führen, während eine schlechte Verdauung und ein unzufriedener Darm ein niedriges Energieniveau, Akne, schlechten Schlaf, Stimmungsschwankungen, Unruhe und mangelndes Selbstvertrauen zur Folge haben können. Sie können die nährstoffreichste Nahrung zu sich nehmen, die es überhaupt gibt, mit einer Menge Blattgemüse und frischem Obst, doch wenn Ihr Körper nicht in der Lage ist, all das Positive aufzunehmen, kann er es leider nicht verwerten.

DIESES BUCH

Ob Sie erst kürzlich die Diagnose RDS erhalten haben oder eine ähnliche Verdauungsstörung bei Ihnen festgestellt worden ist, ob Sie schon seit Jahren mit einem empfindlichen Darm zu kämpfen und keine Ideen mehr haben oder ob Sie nun feststellen, dass Ihr Bauch einfach ein bisschen liebevolle Pflege benötigt – dieses Buch wird Ihnen alle Informationen über die FODMAP-arme Ernährung liefern, die Sie brauchen, sowie über 100 FODMAP-arme Rezepte für ein gesundes, alltägliches Leben.

Vom Frühstück bis zum Abendessen und alles, was dazwischen liegt: Ich habe dieses Buch nicht nur geschrieben, um Ihnen zu zeigen, wie Sie köstliche Speisen mit den Nahrungsmitteln, die Sie essen können, zubereiten (und das sind übrigens immer noch viele!), sondern ich möchte Ihnen auch eine

neue, stressfreie und moderne Art vorstellen, für Ihren empfindlichen Darm zu kochen, die zugleich einfach und umfassend ist.

»Emmas Feelgood-Küche« ist in Lebensstil-Kapitel unterteilt, um Sie leichter durch das alltägliche Kochen zu begleiten. Ich habe Rezepte kreiert, die allesamt flexibel und anpassungsfähig sind. Dieser Ansatz ist von wissenschaftlicher Forschung untermauert, doch es ist wichtig zu wissen, dass jeder Mensch und jeder Darm individuell verschieden sind. Ich kann Ihnen also sagen, welche Nahrungsmittel ich nun vertrage, nachdem ich die drei Phasen durchlaufen habe, doch Toleranzschwellen können ganz anders aussehen. Sie selbst kennen Ihren Körper und Ihren Darm besser als jeder andere, und deshalb sollten Sie auf ihn hören und wahrnehmen, wie er auf verschiedene Nahrungsmittel reagiert. Spielen Sie mit den Rezepten, passen Sie sie an und ändern Sie sie ab, bis sie für Sie geeignet sind.

Bei dieser Art, sich zu ernähren, geht es nicht um einen Verzicht, sondern darum, wieder die Kontrolle zu übernehmen, damit Sie jene lästigen Symptome in den Griff bekommen. Meine Hoffnung ist, dass dieses Buch Ihnen eine Auswahl an gesunden, einfachen und FODMAP-freundlichen Rezepten zur Verfügung stellt, die Sie als Grundlage nutzen können. Denn wenn Sie Nahrungsmittelunverträglichkeiten, Allergien oder einen empfindlichen Darm haben, sollten Sie sich beim Essen nicht eingeschränkt fühlen! Jeder verdient es, gesund und zufrieden zu sein – und Donuts zu essen (Seite 190).

Allerdings wird es gerade anfangs nicht ganz einfach werden. Sie müssen sich wirklich engagiert darum kümmern, Ihren Darm zu unterstützen und ihm die Chance zur Heilung zu geben. Möglicherweise machen Sie Fehler und leiden an manchen Tagen unter ein paar Symptomen – doch ich verspreche Ihnen: Die Welt geht nicht unter, wenn Sie es mal vermasseln, und schließlich werden Sie sich besser und zuversichtlicher fühlen. Sobald Ihr Verdauungssystem wieder auf dem richtigen Weg ist und die Chance gehabt hat zu heilen, können Sie nach und nach Lebensmittel wieder in Ihre Diät einführen; und vielleicht stellen Sie sogar fest, dass Sie mehr von ihnen vertragen als zuvor.

Es ist also an der Zeit, auf Ihren Körper und Ihren Darm zu hören und zu lernen, welche Nahrung am besten für Sie ist! Das sind die Lebensmittel, die Sie lächeln lassen und Ihren Bauch rundum zufrieden machen.

Willkommen in meiner Küche!

REIZDARMSYNDROM UND NAHRUNGSMITTEL-UNVERTRÄGLICHKEITEN

Innerhalb der vergangenen zehn Jahre ist das Reizdarmsyndrom (RDS) zu einer der am weitesten verbreiteten Erkrankungen geworden; einer von drei Menschen leidet regelmäßig unter Blähungen.

DOCH WAS IST DAS RDS EIGENTLICH?

Die medizinische Definition des Reizdarmsyndroms besagt, dass es sich um eine gängige Krankheit des Dickdarms (Colon) handelt. Üblicherweise verursacht sie vor allem Krämpfe, Bauchschmerzen, Blähungen, Durchfall und Verstopfung (ich sagte Ihnen ja, dass es nicht toll ist). Das RDS ist eine chronische Erkrankung, die eine langfristige Behandlung erfordert. Bei den meisten Menschen wurde keine einzelne Ursache festgestellt, die das RDS oder einen empfindlichen Darm erklären könnte. Als Trigger kann ein Gefühl oder manchmal auch eine Krise gewirkt haben – entweder im Darm wie eine Magen-Darm-Entzündung oder ein traumatisches Lebensereignis.

WAS VERURSACHT RDS-SYMPTOME UND WARUM KOMMEN SIE SO HÄUFIG VOR?

Die Forschung hat in den vergangenen 20 Jahren gezeigt, dass FODMAP-Zucker, die in zahlreichen verschiedenen Lebensmitteln vorkommen, erwiesenermaßen Symptome auslösen, die denen eines Reizdarms gleichen. Das liegt daran, dass der Körper nicht in der Lage ist, sie aufzuspalten, sodass als Reaktion diese Symptome auftreten.

Nachdem diese Zucker den Magen passiert haben, werden sie im Dünndarm nicht ordentlich verdaut und gelangen in den Dickdarm, wo eine Vielzahl an Bakterien angesiedelt ist. Diese Bakterien »ernähren« sich von dem schlecht aufgenommenen Zucker, was zu einer Fermentierung führt. Dabei entsteht Gas, das wiederum eine Reihe unangenehmer Symptome verursachen kann wie Blähungen, Völlegefühl und Magendruck – so als ob jemand versuchen würde, Ihre Innereien auszuwringen – , außerdem Magenschmerzen und Verstopfung. Da Ihr Darm freundlicherweise versucht, die Dinge für Sie auszugleichen, wird außerdem häufig vermehrt Wasser in den Dickdarm transportiert, um dem Körper beim Verdauungsprozess zu helfen, was zu Durchfall führen kann. Toll.

Wie ernst die Symptome sind, ist individuell und auch im Laufe der Jahre einer Erkrankung sehr unterschiedlich. Beim RDS handelt es sich weder um eine Reaktion des Immunsystems noch um eine Allergie, sondern eher um eine Lebensmittelunverträglichkeit. Die Symptome können auch als physiologische Reaktion auf Stress, Alkohol und andere Lebenseinflüsse auftreten.

DIE VERBINDUNG ZWISCHEN GEHIRN UND DARM

Studien haben gezeigt, dass das Stressniveau und die emotionale Gesundheit Auswirkungen auf uns RDS-Patienten haben können. Ursache ist die sogenannte Darm-Hirn-Achse: Forscher haben herausgefunden, dass es eine Verbindung zwischen der Funktion unseres zentralen Nervensystems im Gehirn und dem Verdauungsprozess im Gastrointestinaltrakt gibt. Ein faszinierendes Forschungsgebiet, das ständig wächst; auf Seite 226 werde ich mich eingehender mit Achtsamkeit und Stressreduzierung beschäftigen.

MORBUS CROHN, ZÖLIAKIE UND ANDERE VERDAUUNGSSTÖRUNGEN

In jüngster Zeit gab es Studien, die sich mit der Verbindung zwischen FODMAPs und ihrer Fähigkeit beschäftigt haben, Patienten mit chronisch-entzündlichen Darmerkrankungen (CED) wie Morbus Crohn und Colitis ulcerosa zu helfen. Obwohl diese beiden Krankheiten einen besonderen Behandlungsplan erfordern und im Allgemeinen schlimmer als ein Reizdarm sind, haben Studien gezeigt, dass eine FODMAP-arme Ernährung auch den von CED Betroffenen helfen kann, Verdauungsprobleme zu lindern.

Im Gegensatz zu RDS und CED handelt es sich bei Zöliakie um eine Autoimmunkrankheit (wie eine Allergie). Sie beschädigt die Darmwände und zwingt den Körper zur Produktion von Antikörpern. Die Folge: Betroffene müssen alle Nahrungsmittel von ihrem Speiseplan streichen, die Gluten (Klebereiweiß) enthalten. Manchmal reicht aber selbst das nicht, um alle Beschwerden zum Verschwinden zu bringen. Viele Zöliakiekranke finden heraus, dass in diesem Fall eine FODMAP-arme Ernährung hilft, trotz Glutenverzichts andauernde Verdauungsprobleme zu reduzieren.

DAS TABU RUND UM DIE SYMPTOME BRECHEN

Für viele Menschen ist es immer noch sehr schwierig, über Verdauungsstörungen zu sprechen. Klothemen sind nach wie vor eher tabu – und das ist schon in Ordnung: Ich will nicht dafür plädieren, dass wir jedem detailliert über unsere Ausscheidungen berichten sollten. Doch wir scheuen uns noch immer, über das RDS zu reden, und neigen dazu, unseren Darm und seine Beschwerden aus Scham zu ignorieren.

Es wird Zeit, der Darmgesundheit Priorität einzuräumen! Sie kennen Ihren Körper besser als jeder andere; und in diesem Buch geht es nicht nur darum, dass SIE die Kontrolle über Ihren empfindlichen, heiklen Darm übernehmen (mithilfe des Rats von Gesundheitsexperten und der Rückversicherung bei Medizinern, sofern erforderlich) und die Symptome zu lindern. Dieses Buch soll auch dazu beitragen, dass Sie sich wohler und selbstbewusster fühlen, wenn Sie mit anderen Menschen über Ihre Beschwerden sprechen.

DIE FODMAP-ARME KÜCHE

WAS SIND DENN FODMAPS EIGENTLICH?

FODMAP ist ein Akronym und steht für:

Fermentierbare – also schnell von Bakterien im Dickdarm aufgespaltene (fermentierte, vergorene)
Oligosaccharide – Fruktane und Galacto-Oligosaccharide (Weizen, Zwiebeln, Knoblauch, Bohnen)
Disaccharide – Laktose (Milch, Eis)
Monosaccharide – Fruktose (Äpfel, Birnen, Honig)
And (und)
Polyole – Mehrwertiger Alkohol (Zuckeralkohol) wie Sorbitol und Mannitol (Pilze, Aprikosen, Zuckeraustauschstoffe in Kaugummi).

Ich weiß, das klingt kompliziert. Doch eigentlich handelt es sich nur um komplexe Bezeichnungen für eine Sammlung von Molekülen (kurzkettige Kohlenhydrate und Zuckeralkohole), die natürlicherweise in Lebensmitteln und in Lebensmittelzusatzstoffen vorkommen. Denken Sie einfach nur daran, dass »Saccharide« ein anderer Begriff für Zucker ist. Monosaccharide sind Einfachzucker, Disaccharide sind Zweifachzucker, und Polysaccharide bestehen aus mehr als zehn Einfachzuckern. Unter Polyolen hingegen versteht man Zuckermoleküle mit Alkohol-Seitenketten. (Keine Sorge – es wird keinen Test geben, bei dem dieses Wissen abgefragt wird! Sie können sich dies merken, müssen es aber nicht.)

UND WORUM GEHT ES BEI DER DIÄT?

Eine FODMAP-arme Ernährungsweise wird heutzutage international als die effektivste Diättherapie bei RDS und anderen lästigen Darmleiden empfohlen. Eine Ernährung mit wenigen FODMAPs kann nachgewiesenermaßen sowohl Verdauungsbeschwerden als auch gleichzeitig oft auftretende Symptome wie Erschöpfung, Lethargie und Konzentrationsschwäche lindern. Das Prinzip einer FODMAP-armen Diät bei RDS besteht darin, FODMAP-reiche Nahrung einzuschränken und für den Betroffenen individuell herauszufinden, wo seine persönlichen Toleranzschwellen liegen. Das bedeutet, dass Sie sich die Diät für Ihre ganz persönliche Situation maßschneidern können, sodass sich infolgedessen die mit RDS oder anderen Erkrankungen einhergehenden Darmsymptome bessern.

Denken Sie dabei immer daran: Es geht nicht darum, sich für eine endlos lange Zeit einzuschränken. Das Endziel ist, dass Sie so frei wie möglich essen und leben können, mit den geringst möglichen Einschränkungen. Je mehr FODMAPs Sie wieder in Ihre Ernährung aufnehmen können, ohne dass Symptome ausgelöst werden, desto gesünder wird Ihr Darm wahrscheinlich sein.

JEDER IST ANDERS

Die kurzkettigen Kohlenhydrate bzw. FODMAPs sind in der alltäglichen Nahrung enthalten und auch für Gesunde nicht besonders empfehlenswert. Doch es hängt von Ihrem Darm ab, ob und wie gut Sie diese Form von Kohlenhydraten vertragen. Diese Stoffe kann der Darm nur mit Mühe aufnehmen; er dehnt sich daher relativ stark aus, Bei Menschen mit einem Reizdarmsyndrom oder aus anderen Gründen sehr empfindlichem Darm trägt diese Dehnung zu den oft sehr starken Schmerzen bei.

Selbst Betroffene reagieren aber nicht immer und alle gleich. Viele können ein paar FODMAPs vertragen, während bei anderen möglicherweise alle FODMAPs Symptome auslösen können. Nicht jeder hat Probleme mit sämtlichen verschiedenen FODMAP-Gruppen; deshalb ist es wichtig, mit einem Ernährungsberater oder Diätspezialisten zusammenzuarbeiten, um herauszufinden, welche Nahrung tatsächlich als Auslöser wirkt. Durch die Kontrolle und den bewussten Umgang mit den Lebensmitteln, die FODMAPs enthalten und Ihre Symptome auslösen, sollten Sie in der Lage sein, Ihre RDS-Symptome zu lindern oder sie sogar ganz loszuwerden. Hurra!

IST EIN FODMAP-ARMER LEBENSSTIL FÜR MICH GEEIGNET?

Die Ausschluss- und Wiedereinführungsphase der Diät sind recht komplexe Prozesse. Deshalb empfehle ich, dass Sie einen Fachmediziner zurate ziehen. Das ist auch wichtig, um andere Verdauungskrankheiten wie Zöliakie und chronisch-entzündliche Darmerkrankungen verlässlich auszuschließen, und damit alle relevanten Tests erledigt werden.

Nach dem Ausschluss anderer Krankheiten können Sie auch einen Atemtest machen. Er kann genaue Hinweise darauf geben, welche Zucker in Ihrer Nahrung Ihnen nicht bekommen. Von dieser Grundlage aus können Sie ermitteln, welche Zuckerarten Sie am schlechtesten aufnehmen, und Ihre FODMAP-arme Reise zur Verbesserung Ihrer Symptome starten.

ENTHÄLT EINE FODMAP-ARME ERNÄHRUNG GLUTEN?

Im Gegensatz zu einer viel verbreiteten Meinung zählt Gluten nicht zu den FODMAPs. Zwar empfahlen viele Mediziner vor der Entdeckung der FODMAPs Reizdarmpatienten, die nicht an Zöliakie litten, eine glutenfreie Diät zur Reduzierung ihrer Symptome. Dies wurde auch mir geraten.

Man nahm nämlich an, dass das im Getreide enthaltene Gluten die RDS-ähnlichen Symptome auslöste. Heute weiß man, warum der Verzicht auf Gluten selten den erwünschten Erfolg brachte: Gluten ist in allen Getreidesorten enthalten; Weizen enthält aber zusätzlich große Mengen Fruktane, die zu den FODMAPs gehören. Sie (und nicht das Klebereiweiß) sind meistens der wahre Übeltäter beim Reizdarmsyndrom. Dass der Verzicht auf alle Getreide andererseits auch manchmal Besserung brachte, lag also vor allem daran, dass die Betroffenen die Fruktane im Weizen nicht mehr zu sich nahmen.

EIN GENAUERER BLICK AUF FODMAPS

GEEIGNETE UND ZU MEIDENDE LEBENSMITTEL

Diese Liste ist keineswegs vollständig, liefert Ihnen aber einen Überblick über den FODMAP-Gehalt verschiedener Lebensmittel, sodass Sie verstehen, warum bestimmte Zutaten in welchen Mengen bei den Rezepten dieses Buches Verwendung finden. Die Übersicht dient nur als Leitfaden: Jeder hat eine andere Toleranzschwelle. Nur weil ein Nahrungsmittel als FODMAP-reich aufgeführt ist, heißt das noch nicht unbedingt, dass Sie es niemals essen können. Umgekehrt gilt auch, wenn ein Lebensmittel wenige FODMAPs enthält, muss das nicht bedeuten, dass Ihr Darm es immer verträgt. Experimentieren Sie also (ohne Risiko!), um herauszufinden, was für Sie am besten ist, und scheuen Sie sich nicht, die Rezepte so anzupassen, dass sie für Sie geeignet sind.

OBST

Im Allgemeinen gilt, dass Steinobst FODMAP-reich ist, ebenso Wassermelonen und andere Früchte wie Brombeeren. Doch es gibt noch viele weitere Obstsorten, die Sie essen können. Trockenfrüchte enthalten ebenfalls eine höhere Konzentration an FODMAPs, sodass es oft am besten ist, sie nur in kleinen Portionen zu verzehren oder auch ganz zu meiden.

GEMÜSE UND HÜLSENFRÜCHTE

Bei Gemüse gibt eine große Menge FODMAP-armer Sorten. Die grünen Teile von Lauch und Frühlingszwiebeln enthalten wenige FODMAPs und liefern viel Aroma. Leider sind die meisten Hülsenfrüchte reich an FODMAPs – doch Linsen und Kichererbsen aus der Dose können für den Darm leichter verträglich sein, da die FODMAPs von der Flüssigkeit in der Dose ausgewaschen werden und durch das Abspülen vor dem Verzehr mehr oder weniger völlig entfernt werden können. Achten Sie aber darauf, die empfohlenen Portionsgrößen einzuhalten.

GETREIDE UND MEHL

Es wird häufig angenommen, dass eine FODMAP-arme Diät auf Getreide, Müsli und Mehl verzichtet. Das ist ein Irrtum: Sofern Sie nicht unter Zöliakie leiden, sollten Sie zumindest Gerste und Roggen nicht vollständig abschreiben. Viele Menschen mit einem empfindlichen Darm vertragen selbst Weizen gut, zumindest in kleinen Mengen. Sie können ohne Probleme eine Scheibe Toastbrost essen oder Ihren Fisch in etwas Weizenmehl wenden, ohne davon Beschwerden zu bekommen. Andere reagieren auf Weizenmehl mit Unverträglichkeitssymptomen. Probieren Sie aus, wie es Ihnen damit geht, und passen Sie Ihren Verzehr von Produkten aus Weizenmehl entsprechend an.

Glutenfreies Brot brauchen Sie bei einem RDS bzw. einem empfindlichen Darm also eigentlich nicht. Viel wichtiger ist, dass Brot und Gebäck möglichst keine FODMAP-reichen Zusatzstoffe wie Glukosesirup, Honig und Zichorie/Inulin enthalten, die häufig von Lebensmittelproduzenten verwendet werden, um den Ballaststoffgehalt zu steigern.

MILCHPRODUKTE UND MILCHFREIE ERSATZPRODUKTE

Es wird Sie freuen zu hören, dass eine FODMAP-arme Diät nicht auf Milchprodukte verzichtet! Es ist lediglich die Laktose, die Sie im Blick behalten sollten, weil sie zu den FODMAPs zählt. Hartkäsesorten enthalten praktisch keine Laktose, sind also geeignet; das Gleiche gilt für Butter. Halten Sie nach Joghurt Ausschau, der milch- oder laktosefrei ist; er enthält allerdings häufig Zichorienwurzel oder Inulin und kann mit Honig oder Apfelsaft gesüßt sein.

NÜSSE UND SAMEN

Die meisten Nüsse und Samen können Sie in kleinen Mengen verzehren, ohne Probleme zu bekommen. Allerdings enthalten einige Sorten weniger FODMAPs als andere. Tauschen Sie

	FODMAP-arm Als Bestandteil Ihrer normalen Ernährung empfohlen	Mittlerer Gehalt an FODMAPS Verzehr in kleineren Mengen in Ordnung	Reich an FODMAPs Verzehr nur in sehr geringen Mengen zu empfehlen
OBST	Bananen (reif, aber nicht überreif), Heidelbeeren, Clementinen, Weintrauben, Kiwis, Zitronen, Limetten, Melonen (Cantaloupe und Honigmelone), Orangen, Papayas, Passionsfrüchte, Ananas, Himbeeren, Rhabarber, Erdbeeren	Avocados, Cranberrys, Kokosflocken, Grapefruits, Rosinen	Äpfel, Aprikosen, Brombeeren, Kirschen, Datteln, Feigen, Mangos, Nektarinen, Pfirsiche, Birnen, Zwetschgen, Pflaumen, Sultaninen, Wassermelonen
GEMÜSE UND HÜLSENFRÜCHTE	Alfalfa, Auberginen, Brokkoli, Kohl, Karotten, Knollensellerie, Mangold, Chilischoten, Schnittlauch, Zucchini, Salatgurken, Ingwer, Grünkohl, Lauch (nur die grünen Teile), Blattsalat, Okraschoten, Oliven (grüne und schwarze), Pastinaken, Paprikaschoten, Kartoffeln, Rettich, Spinat, Tomaten, Speiserüben, Brunnenkresse	Rote Rüben, Rosenkohl, Butternusskürbis, Stangensellerie, Speisekürbis, Süßkartoffeln, Kichererbsen (aus der Dose), grüne Bohnen, Linsen (aus der Dose)	Spargel, Blumenkohl, Knoblauch, Pilze, Zwiebeln, Erbsen, Mais, gebackene Bohnen, schwarze Bohnen, Borlotti-Bohnen, Saubohnen, Limabohnen, Cannellini-Bohnen
GETREIDE UND MEHL	Buchweizenmehl, Maismehl, Kartoffelstärke, Reismehl, Sorghummehl, Tapiokamehl, Quinoamehl, Reis (weiß, Naturreis, rot oder Wildreis), Polenta, Quinoa und Quinoaflakes	Brot aus 100 % Dinkel, Hafer	Weizenmehl, Gerstenmehl, Vollkornmehl, Roggenmehl
MILCH UND MILCHFREIE ERSATZ-PRODUKTE	Mandelmilch, laktosefreie Milch, laktosefreier Joghurt, Reismilch, Brie, Camembert, Cheddar, Quark, Feta, Ziegenkäse, Mozzarella, Parmesan, Pecorino, Schweizer Bergkäse	Butter, Kokosmilch, Joghurt (griechischer, vollfett), saure Sahne, Frischkäse, Halloumi, Ricotta	Vanillesoße, Kuhmilch, Kefir
NÜSSE UND SAMEN	Paranüsse, Macadamianüsse, Erdnüsse, Pekannüsse, Pinienkerne, Walnüsse	Mandeln, Chiasamen, Haselnüsse, Leinsamen, Kürbiskerne, Sesam, Sonnenblumenkerne	Cashewkerne, Pistazien
SÜSSUNGS-MITTEL	Ahornsirup, Zucker (braun, extrafein, Puderzucker, Rohrohrzucker, weißer Zucker)	Kokosblütenzucker	Agavendicksaft, künstliche Süßstoffe mit der Endung -ol (wie Sorbitol, Mannitol, Xylitol), Fruktose, heller Zuckersirup, Honig, Inulin

gegebenenfalls die in den Rezepten angegebenen Nüsse je nach ihrer individuellen Verträglichkeit aus.

SÜSSUNGSMITTEL

Vorsicht vor zu viel Fruktose, wenn es um Süßungsmittel geht. Für süße Rezepte sind meiner Ansicht nach Ahornsirup und brauner Zucker sehr gute Alternativen.

EIN KURZER HINWEIS ZU ...

... Fisch, Eiern und Fleisch: Alle unbearbeiteten Fleisch- und Fischsorten sowie Eier sind FODMAP-arm. Versuchen Sie, fettiges Fleisch zu meiden oder nur in kleinen Portionen zu essen, da Fett Beschwerden verursachen kann. Bei Wurst und anderen verarbeiteten Fleischsorten ist Vorsicht geboten, weil sie häufig Weizen, Knoblauch und/oder Zwiebeln enthalten, die alle einen empfindlichen Darm verstimmen können.

... Kräutern und Gewürzen: Fast alle frischen und getrockneten Kräuter und Gewürze sind geeignet. Achten Sie lediglich darauf, nicht zu viel Chili zu verwenden und keine Speisen zu essen, die sehr scharf sind, da beides bei manchen Betroffenen Symptome verursachen kann.

... Ölen: Alle Öle sind FODMAP-arm, da sie keine Kohlenhydrate enthalten. Doch wie bei fettem Fleisch gilt auch hier, dass manche Personen, die unter dem Reizdarmsyndrom leiden, Probleme mit großen Mengen Fett haben. Aber wir sollten ja ohnehin nicht zu viel davon essen, sodass es sich empfiehlt, Öl in Maßen zu verwenden.

UND WIE GEHT'S JETZT WEITER?

Eine FODMAP-arme Diät ist ein Prozess, der in drei Phasen abläuft. Zuerst kommt die Ausschlussphase, in der alle FODMAP-reichen Lebensmittel von Ihrem Speiseplan gestrichen werden. Danach wird jede Untergruppe einzeln nacheinander langsam wieder in die Ernährung eingeführt. Auf diese Weise erfahren Sie, was genau für Ihre Beschwerden verantwortlich ist. Zum Schluss ist es Ihnen in Phase drei erlaubt zu essen, was Sie möchten, solange Sie die FODMAP-reichen Lebensmittel meiden, die Sie in der zweiten Phase als Auslöser ermittelt haben.

PHASE 1: AUSSCHLUSSPHASE

Die erste der drei Phasen, um Ihren Darm wieder jubeln zu lassen und zu optimaler Gesundheit zu führen, ist die Ausschlussphase. Sie dauert acht Wochen, in denen Sie auf alle Lebensmittel verzichten, von denen bekannt ist, dass sie reich an FODMAPs sind und Ihren Darm irritieren könnten.

Die Ausschlussphase sollte so lange dauern, damit Sie herausfinden können, welche Rolle die FODMAPs im Hinblick auf Ihre Symptome spielen. Wahrscheinlich wird es nach drei bis fünf Tagen zu einer deutlichen Verbesserung der Symptome kommen, doch Sie sollten diese Phase dennoch zwei Monate durchhalten, um die bestmöglichen Ergebnisse zu erzielen.

PHASE 2: WIEDEREINFÜHRUNGS-PHASE

Nachdem Sie die Diät acht Wochen lang durchgehalten haben und es Ihrem Darm nun sicher erheblich besser geht, führen Sie FODMAPs langsam wieder ein. Sie sollten dabei genau auf Ihren Körper hören; so bestimmen Sie Ihre eigenen Toleranzschwellen. Denn Sie werden in dieser Phase Art und Menge der FODMAPS erkennen, die Ihre Symptome auslösen. Sobald Sie Ihre eigenen FODMAP-Trigger ermittelt haben, können Sie mit der Beibehaltungsphase weitermachen.

Das Ziel besteht darin, systematisch jedes FODMAP einzeln nacheinander wieder einzuführen und Ihre Schwellen zu erkennen. Die Wiedereinführungsphase sollte ungefähr fünf Wochen dauern, und in dieser Zeit führen Sie ein FODMAP pro Woche wieder ein. Nehmen Sie die fragliche Nahrung im Laufe der Testwoche drei Mal in normalen Portionsgrößen und regelmäßigen Abständen zu sich (oder bis Symptome ausgelöst werden). Schränken Sie weiterhin alle anderen FODMAPs ein, bis Ihre Toleranzschwelle bestätigt ist.

Notieren Sie möglichst genau, was Sie essen, beobachten Sie Ihre Symptome und schreiben Sie auf, wie Sie sich fühlen.

Wenn Symptome auftreten, sollten Sie sicherstellen, dass Ihr Darm sich erholen kann, bevor Sie es erneut mit einer kleinen Portion versuchen; oder Sie setzen als gegeben voraus, dass dieses FODMAP ein Problem für Sie darstellt. Sie können dann später erneut dazu zurückkehren und es nochmals versuchen, da sich Ihre Empfindlichkeit gegenüber diesem speziellen FODMAP im Laufe der Zeit verändern kann. Sollten keine Symptome ausgelöst werden, essen Sie weiterhin die

Menge und Art der Nahrung, die Sie getestet haben, und machen mit der nächsten FODMAP-Herausforderung weiter.

Diese Phase ist zugegebenermaßen nicht einfach. Es ist wahrscheinlich, dass irgendwann Ihre Reizdarm-Symptome wieder auftreten, wenn Sie eine Triggernahrung erkennen; und diese Symptome können ein paar Tage anhalten, wie es auch bei mir war. Doch als das geschah, versuchte ich, mich auf das Positive zu konzentrieren – dass ich nun einen Trigger gefunden hatte und mit dem Bastard umgehen konnte! Und möglicherweise können Sie diese Nahrung dennoch in Ihren Speiseplan wieder einführen, wenn auch in geringerer Menge: Bei gebackenen Bohnen hat mein Magen früher immer rebelliert, aber jetzt kann ich ein paar Bissen davon zu mir nehmen, ohne dass etwas passiert.

Es ist bekannt, dass jeder individuell unterschiedliche Schwellen für manche FODMAPs haben kann. Das bedeutet, dass einige von uns bestimmte FODMAPs nie gut vertragen können, während sie für andere unter Umständen okay sind. Manche meiner Freunde, die sich an die Diät halten, können beispielsweise Avocados vertragen (die Glücklichen!), während sie bei mir Schmerzen auslösen – ebenso wie andere Lebensmittel, die Polyole enthalten, wie Pilze und Süßkartoffeln.

Andererseits kann ich inzwischen eine mittelgroße Menge Honig und einen Apfel essen (ja!), die beide Fruktose im Übermaß enthalten, während meine Freunde sie nach wie vor meiden müssen. Zutaten wie Zwiebeln jedoch sind für uns alle eine Zeitlang vom Speiseplan gestrichen.

Es ist also wirklich wichtig, langsam einige FODMAPs wieder in die Ernährung einzuführen, um diese Schwellen zu erkennen und persönliche Toleranzgrenzen einschätzen zu können. Da FODMAPs in so vielen gesunden Lebensmitteln enthalten sind, sollten Sie diese nicht zu stark einschränken, wenn es nicht nötig ist. Der Verzicht auf eine breite Auswahl an Nahrung kann zu Nährstoffmangel führen – und das wollen wir natürlich nicht. Darüber hinaus beinhalten FODMAPs entscheidende präbiotische Ballaststoffe, die eine wichtige Rolle bei der Herstellung und Erhaltung einer optimalen, langfristigen Darmgesundheit spielen. Deshalb sollten Sie diese Phase durchlaufen – sie ist es wert, das verspreche ich Ihnen!

PHASE 3: BEIBEHALTUNGSPHASE

Wenn Sie so weit kommen, haben Sie gut drei Monate durchgehalten. Herzlichen Glückwunsch, dass Sie es so weit geschafft haben! Der Lohn lautet: In dieser Phase können Sie deutlich entspannter mit Ihren Zutaten und Portionsgrößen umgehen – wie wunderbar! Das soll nicht heißen, dass Sie zu dem zurückkehren können, was Sie zuvor gegessen haben. Doch nun kennen Sie Ihre wichtigsten Trigger sowie die FODMAPs, die keine Symptome bei Ihnen auslösen – also können Sie etwas mehr experimentieren. Ich hoffe, dass Sie sich – ebenso wie ich damals – nun gestärkt fühlen, da Sie die Kontrolle über Ihre Ernährung und, was noch wichtiger ist, über Ihren gesundheitlichen Zustand übernommen haben. Es ist einfach ein tolles Gefühl, wenn Sie verstehen, welche Lebensmittel warum bei Ihnen Beschwerden auslösen, und dass Sie in der Lage sind, dies selbst zu steuern.

Feiern Sie also! Eine Vielfalt an Lebensmitteln ist sowohl im Hinblick auf die Nährstoffe als auch aus reinem Genuss wichtig. Frische und abgepackte Nahrungsmittel mit wenigen FODMAPs sind nun ebenso erlaubt wie alles, was FODMAPs enthält, sich aber in Ihrer Testphase als geeignet erwiesen hat. Außerdem können Sie Ihre Ernährungsweise mit FODMAPs anreichern, solange Sie sie vertragen. Es geht nur darum, was Sie essen können – nicht um das, was Sie nicht vertragen.

Noch schnell ein kurzer Hinweis: Da die FODMAP-Toleranzschwellen individuell verschieden sind, ist es möglicherweise nicht immer zu empfehlen, Ihre Grenzen kontinuierlich verschieben zu wollen. Wenn wieder Symptome auftreten, sollten Sie sich keine Sorgen machen, sondern einfach einen Gang zurückschalten, sich für ein paar Tage wieder ausschließlich auf FODMAP-arme Lebensmittel konzentrieren und Ihrem Darm so eine Chance geben, sich zu erholen.

Worauf Sie achten sollten: Es geht nicht nur um die Menge eines einzelnen FODMAPs, sondern auch um die Gesamtmenge der FODMAPs in einer Mahlzeit. So können Sie zum Beispiel eine Kleinigkeit essen, die FODMAPs enthält, doch wenn Sie diese in einem Salat verarbeiten, der zehn andere, ebenfalls FODMAP-reiche Zutaten beinhaltet, könnte das Ihrem Darm Probleme verursachen.

FLEXIBEL SEIN

Die Rezepte in diesem Buch können Sie nicht nur an Ihre persönlichen Unverträglichkeiten anpassen, sondern auch an die Diätphase, in der Sie sich gerade befinden.

Ausschlussphase: Seien Sie mit der vorgeschlagenen Portionsgröße so streng wie möglich und führen Sie ein Ernährungstagebuch, in dem Sie genau notieren, was Sie gegessen haben, wie diese Speisen Ihnen bekommen sind und welche anderen Ereignisse oder Stressfaktoren gleichzeitig anstanden. Halten Sie sich so exakt wie möglich an die Rezepte, und verändern Sie nur etwas, wenn Sie wissen, dass die Ersatzzutat geeignet ist. Scheuen Sie nicht davor zurück, immer wieder in diesem Buch und in anderen Quellen nachzusehen, um Ihr Wissen darüber zu erweitern, welche Lebensmittel FODMAPs enthalten – Lernen braucht Zeit!

Wiedereinführungsphase: Richten Sie sich nach den Rezepten in diesem Buch, führen Sie gleichzeitig die Lebensmittelgruppen wieder ein, wie auf Seite 25 beschrieben, und passen Sie die Rezepte nötigenfalls an. Ihr möglichst genaues Ernährungstagebuch ist in dieser Phase wirklich wichtig.

Beibehaltungsphase: Nun, da Sie Ihre wichtigsten Trigger kennen und wissen, welche FODMAPs keine Symptome auslösen, können Sie experimentieren. Wenn Sie beispielsweise Süßkartoffeln vertragen, sollten Sie versuchen, sie in ein cremiges Kokos-Curry-Gericht zu integrieren – das schmeckt einfach köstlich! Falls Äpfel es auf Ihre Okay-Liste geschafft haben, reiben Sie einen direkt vor dem Servieren in Ihr Bircher-Müsli: Er liefert eine tolle Konsistenz und zusätzliches Aroma. Sie können nicht wissen, wie Ihr Darm auf jedes einzelne mögliche Lebensmittel reagiert, und es ist wahrscheinlich, dass es auch mal zu Fehlern und Symptomen kommen wird. Doch wenn Sie ein negatives Erlebnis haben, sollten Sie sich keine Sorgen machen: Kehren Sie einfach für ein paar Tage zu den Rezepten zurück, als befänden Sie sich in der Ausschlussphase, und verschaffen Sie Ihrem Darm so eine Pause.

Eine neue Art des Kochens

FODMAP-arm zu kochen, kann eine ganz neue Erfahrung sein. Ich erinnere mich, wie ich in meiner Küche stand, den Kühlschrank öffnete, auf die lange Liste mit Nahrungsmitteln schaute, die ich nun nicht mehr essen sollte, und in Panik geriet.

Ich durfte also grüne Linsen aus der Dose, aber nicht aus einer Packung essen? Und den oberen Teil von Frühlingszwiebeln, aber nicht den unteren? Wie geht das? Ich durfte beim Kochen weder Zwiebeln noch Knoblauch verwenden? Und ich sollte mich ohne Weizen und mit wenig Laktose ernähren?

Es wirkte unglaublich einschüchternd, und das war ja nur das erste Abendessen … Was sollte ich denn am nächsten Tag zum Frühstück oder Mittagessen zu mir nehmen?

Ich startete diese Reise also auf die einzige mir mögliche Weise: Ich stürzte mich ins Abenteuer und begann einfach damit. Innerhalb der ersten beiden Wochen habe ich zu Mittag ausschließlich Suppe gegessen, die ich aus gekochtem Gemüse und heißem Wasser zubereitete. Das mag ähnlich wie Babynahrung gewesen sein, aber es schmeckt in der Tat verdammt gut – ich hatte ganz vergessen, wie köstlich pures Gemüse sein kann. Es stellte sich heraus, dass ich mit ein wenig Planung tatsächlich nicht viele weitere Zutaten brauchte, um eine leckere Mahlzeit zuzubereiten. Und schon bald merkte ich, dass die Suppe umso besser schmeckte, je höher die Qualität des verwendeten Gemüses war.

Diesen Ansatz habe ich also auch bei den Rezepten in diesem Buch gewählt. Ich möchte Ihnen zeigen, dass es möglich ist, leckere, abwechslungsreiche und ausgewogene FODMAP-arme Speisen zu kochen, mit einfachen Methoden und Zutaten. Außerdem biete ich Ihnen praktische, hilfreiche Tipps, die Sie beim täglichen Kochen ebenso wie beim Wocheneinkauf anwenden können.

Wenn Sie in der Küche oder hinsichtlich der FODMAP-armen Ernährung ein Anfänger sind oder wenn Ihr Darm einfach ein wenig Zuneigung und Aufmerksamkeit braucht, wird dieses Buch Ihnen hoffentlich einen tollen und leckeren Rezeptfundus bieten, damit Sie beim ersten Blick in Ihren Kühlschrank nicht denken müssen: »Was um alles in der Welt soll ich bloß essen?«

Stattdessen können Sie einfach dieses Buch zur Hand nehmen und loslegen. Sollten Sie kocherfahren sein oder sich mit der FODMAP-armen Küche gut auskennen, hoffe ich, ein paar weitere, einfache Gerichte für Ihr Repertoire beisteuern und Sie zu etwas Neuem inspirieren zu können.

Wie auch immer: Ich möchte ein paar meiner Rezepte mit Ihnen teilen, die ich entworfen habe und regelmäßig zu Hause zubereite. Als Inspiration dienten dabei meine eigenen Erfahrungen und die Zusammenarbeit mit »FODMAP Friendly«. Mein Ziel ist es, den Druck und Stress aus dem FODMAP-armen Kochen zu nehmen, damit Sie und Ihr Darm sich entspannen können, Sie die Arbeit in der Küche genießen und sich auch zutrauen, für andere zu kochen.

Sie sollten sich darauf einstellen, dass die FODMAP-armen Varianten sich möglicherweise nicht genauso verhalten wie die Originale: Da geht beispielsweise ein Kuchen nicht so gut auf wie mit Weizenmehl oder die Eiscreme auf Obstbasis hat eventuell nicht dieselbe Konsistenz wie das Gegenstück aus Milch und Sahne – doch sie ermöglichen eine neue Art zu essen. Diese Zutaten sind nicht nur für Personen mit einem empfindlichen Darm geeignet, sondern schmecken auch klasse und stecken darüber hinaus häufig voller Nährstoffe.

Auf den folgenden Seiten habe ich eine Liste meiner wichtigsten Lieblingszutaten zusammengestellt. Diese sind für mich geeignet, doch es kann natürlich sein, dass Sie andere Favoriten haben, die Ihrem Darm besser bekommen.

Es liegt in Ihrer Verantwortung, sich um Ihren Körper zu kümmern und zu lernen, wie er auf verschiedene Lebensmittel reagiert. Es ist sehr wichtig, dass Sie mit einem Ernährungsberater zusammenarbeiten, wenn Sie die FODMAP-arme Diät beginnen – insbesondere in der Ausschluss- und Wiedereinführungsphase. Doch schließlich und endlich sind Sie selbst die Person, die weiß, was Ihrem Körper gut bekommt und was nicht. Manche FODMAPs verursachen bei einigen Menschen mehr Probleme als bei anderen – das hängt von der Zusammenstellung der Diät zusammen, von der Empfindlichkeit gegenüber jedem einzelnen FODMAP und davon, wie gut oder schlecht Sie Fruktose oder Laktose aufnehmen können. Nehmen Sie sich also Zeit, auf Ihren Körper zu hören.

MEINE VORRATSKAMMER

Viele der nachfolgend aufgelisteten Zutaten sind inzwischen immer in meiner Küche vorrätig. Einige köstliche Grundnahrungsmittel neben den frischen Zutaten im Vorrat zu haben, hilft und macht das Kochen etwas einfacher.

Als ich mit der Diät begann, war eine meiner ersten Aktionen, dass ich Lebensmittel einkaufen ging, um meine Vorratskammer und meinen Kühlschrank mit so vielen FODMAP-armen Produkten zu füllen wie möglich. Ich würde gerne behaupten, dass meine Küchenschränke ordentlich und perfekt organisiert sind, doch wie meine Mitbewohner sehr wohl wissen, ist das nicht der Fall – es herrscht das reine Chaos. Jedes bisschen Platz ist mit Zutaten vollgestopft, denn ich liebe es, einfach hineinzugreifen und etwas herauszuziehen, was mir helfen könnte, ein Gericht zu verwandeln.

Ich habe versucht, dafür zu sorgen, dass in meinen Rezepten viele Zutaten immer wieder auftauchen, sodass Sie nicht Tausende verschiedener Dinge kaufen. Es sollte möglich sein, alles in einem großen Super- oder Lebensmittelmarkt zu finden; doch im Zweifelsfall können Sie auch im Internet einkaufen. Im hinteren Teil dieses Buches habe ich ein paar Einkaufsoptionen aufgeführt (Seite 230).

GETREIDE

Es gibt eine Vielzahl wunderbarer Getreidesorten, und es war nie einfacher, preiswerter und leckerer, sie in Ihren Speiseplan zu integrieren. Zu den wichtigsten FODMAP-armen Getreiden gehören für mich: Quinoa, Buchweizen, Reis, Hafer und Hirse. Sie sollten allerdings bedenken, dass einige dieser Getreidesorten mittelgroße FODMAP-Mengen enthalten, sodass Sie die Portionsgrößen besser im Auge behalten und nicht zu viel auf einmal davon essen.

Quinoa Ich liebe sie. Dieser getreideartige Samen wird »ki'noa« ausgesprochen und gehört tatsächlich zur selben Familie wie Mangold, Spinat und Rote Bete. In ihrer Heimat Südamerika ist Quinoa seit Jahrhunderten ein Grundnahrungsmittel. Die kleinen Körnchen stecken voller Eiweiß und enthalten neun essenzielle Aminosäuren sowie eine Menge Ballaststoffe – was bedeutet, dass sie langsam verdaut werden und darum länger satt machen. Verwenden Sie Quinoa als FODMAP-arme Alternative für Bulgur oder Couscous beziehungsweise nutzen Sie sie anstelle von Hafer, beispielsweise zur Herstellung von Quinoabrei (Seite 58). Beim Backen können Sie Quinoaflocken ausprobieren, die wie Haferflocken mit Dampf behandelt und dann gepresst werden, sodass sie dünn werden.

Buchweizen Buchweizen gewinnt man aus den Samen einer Blütenpflanze. Wie Quinoa zählt auch Buchweizen zu den sogenannten Pseudogetreiden. Er hat ein nussiges, vollkörniges, leckeres Aroma, ist FODMAP-arm und enthält wenig Fruktose – eine perfekte Alternative also für Menschen, die unter einem Reizdarmsyndrom oder Allergien leiden. Buchweizen bekommt man sowohl als Mehl (super für pikante ebenso wie für süße Gerichte und Gebäck) oder als Buchweizengrütze – das sind grob zerkleinerte Körner, die sich hervorragend für herzhafte Rezepte wie das Buchweizenrisotto (Seite 142) eignen.

Reis Reis ist für eine FODMAP-arme Ernährung eine tolle und vor allem sehr gut verträgliche Ergänzung. Das gilt für alle Reissorten. Naturreis enthält mehr Nährstoffe als weißer Reis und ist eine bessere Ballaststoffquelle. Nicht jeder verträgt ihn allerdings; Naturreis kann bei einem Reizdarmsyndrom Beschwerden auslösen. Probieren Sie beides aus und finden Sie Ihre eigene Toleranzschwelle heraus.

Übrigens sind auch Reismehl und Produkte daraus FODMAP-frei. Reisnudeln und Reiswaffeln zum Beispiel eignen sich perfekt für die darmfreundliche Küche.

Hafer Dieses Getreide ist unglaublich vielseitig und ballaststoffreich. Ich liebe Haferflocken nicht nur als Brei, sondern auch in weichen Keksen, knusprigem Müsli oder sättigenden Smoothies. Hafer ist von Natur aus glutenfrei, kann aber – wie manche anderen Getreidesorten auch – mit Gluten verunreinigt werden, wenn er in der Nähe von Weizen angepflanzt oder verarbeitet wird.

Wenn Sie Zöliakie haben, sollten Sie darum darauf achten, als glutenfrei gekennzeichneten Hafer zu kaufen; doch ansonsten sollte für Menschen mit einem empfindlichen Darm normaler Hafer in Ordnung sein. Achten Sie allerdings auf die Portionsgrößen, da Hafer in geringer Menge FODMAPs enthält.

Hirse Hirse ist eine Hauptzutat für Vogelfutter, aber sie schmeckt auch den meisten Menschen gut! Die winzigen Körnchen lassen sich leicht verdauen, enthalten kein Gluten und passen als Beilage zu vielen Gerichten. Übrigens ist Hirse eine gute Quelle für wichtige Mineralstoffe wie Kupfer, Mangan, Phosphor und Magnesium.

HÜLSENFRÜCHTE, NÜSSE UND SAMEN

Linsen Sie gehören zu den wenigen Hülsenfrüchten, die sich für eine FODMAP-arme Diät eignen. Das gilt allerdings nur, wenn Sie Linsen aus der Dose oder aus dem Glas verwenden: Die in Linsen enthaltenen FODMAPs sind wasserlöslich, werden also ausgewaschen, wenn die Linsen in Wasser eingelegt sind. Vor der Verwendung sollten Sie die Linsen deshalb zusätzlich gründlich in einem Sieb abspülen. Außerdem wichtig: Halten Sie sich an die empfohlenen Portionsgrößen.

Hanfsamen und Sonnenblumenkerne Beim Kochen und vor allem beim Backen sind dies zwei meiner Favoriten unter den Samen, die zum Beispiel auch gut über Salate gestreut werden können, um diesen einen knackigen Kick zu verleihen. Hanf ist ein weicher Samen, voller Geschmack, mit einer kräftigen und nussigen Konsistenz. Sonnenblumenkerne sind mild und reich an gesunden Fetten, preiswert und leicht zu bekommen. Außerdem dienen sie als gute Quelle für Kalium und Eisen.

Erdnüsse, Macadamianüsse, Walnüsse und Pekannüsse Das sind einige meiner FODMAP-armen Lieblingsnüsse, die ich gerne in der Küche verwende (oder einfach so als Snack genieße). Sie stecken voller Eiweiß, Ballaststoffen und essenziellen Fettsäuren, haben alle ihre besonderen Eigenschaften und sind – in Maßen verzehrt – eine großartige Ergänzung der FODMAP-armen Ernährung. Macadamianüsse können aufgrund ihres hohen Fettgehalts zu samtigen Cremes und Desserts verarbeitet werden, während Erdnüsse (eigentlich eine Hülsenfrucht, aber wir wollen mal nicht kleinlich sein!) in herzhaften Soßen und über Nudelgerichte gestreut ganz köstlich schmecken.

Chiasamen Ich liebe sie, da sie eine wirklich vielseitige Zutat sind, die man leicht vielen Rezepten zufügen kann. Sie dienen im Kuchen als Ersatz für Eier, verbessern die Konsistenz von sämigem Bircher-Müsli und können sogar Marmelade eindicken. Durch ihren sehr hohen Ballaststoffgehalt können Chiasamen allerdings bei Personen mit einem empfindlichen Darm Unverträglichkeitssymptome auslösen. Am besten führen Sie Chiasamen in kleinen Mengen in Ihre Ernährung ein und beobachten dann ein paar Tage lang, ob sie Ihnen bekommen.

KRÄUTER UND GEWÜRZE

Wenn Sie jemandem erzählen, dass Sie weder Knoblauch noch Zwiebeln essen können, fragt er garantiert: »Wie? Aber dann schmeckt ja alles langweilig!« Zum Glück stimmt das aber nicht, denn die meisten Kräuter und Gewürze sind frei von FODMAPs und geben Ihren Mahlzeiten ebenso einen tollen Geschmack. Davon abgesehen, können Sie problemlos das Grün von Frühlingszwiebeln essen; und falls Sie Knoblauch vermissen: Speiseöl mit Knoblauchgeschmack ist ebenfalls erlaubt. (Mehr dazu auf Seite 36.) Zurück zu den frischen und getrockneten Kräutern und Gewürzen: Zu meinen bevorzugten Sorten gehören Basilikum, Minze, Koriander, Rosmarin, Thymian, Salbei, Oregano, Zimt, Kurkuma, Gewürzsumach, Gewürznelken und Kardamom. Von kräftig bis zitronig, von belebend bis erdig – wenn Sie Kräuter und Gewürze geschickt einsetzen, können sie Ihren Gerichten eine leckere geschmackliche Tiefe verleihen.

Gewürzmischungen wie Dukkah (Seite 152), Advieh (Seite 158) oder chinesisches Fünf-Gewürze-Pulver (Seite 166) bringen reichhaltige, kräftige Aromen ins Spiel.

FETTE UND ÖLE

Kokosöl In den letzten Jahren ist Kokosöl immer beliebter geworden, und das hat seinen guten Grund. Es ist ein sehr stabiles und vielseitiges Fett, das Sie zum Braten und Backen gleichermaßen verwenden können. Bei Zimmertemperatur ist es glänzend weiß und fest, doch es schmilzt schnell zu einem durchsichtigen Öl. Außerdem ist es in fast jedem größeren Supermarkt zu haben, manchmal sogar von einer Eigenmarke, sodass Kokosöl heute preiswerter und leichter erhältlich ist. Zum Backen ist es hervorragend geeignet, da es sich sehr ähnlich wie Butter verhält.

Olivenöl Es ist köstlich im Salatdressing und zum Beträufeln von Gerichten. Diese Hauptzutat der mediterranen Küche verwende ich auch in einigen süßen Gerichten wie bei den Bananen-Haselnuss-Muffins (Seite 124).

SÜSSUNGSMITTEL

Brauner Zucker Ich backe häufig mit braunem Zucker, der weniger stark raffiniert und verarbeitet ist als weißer Zucker. Durch die Melasse wird der braune Zucker ein wenig gehaltvoller und hat einen leichten Karamellgeschmack, der meiner Meinung nach zu den meisten Rezepten in diesem Buch besser passt.

Ahornsirup Er enthält weniger Fruktose als viele andere flüssige Süßungsmittel wie Honig. Ahornsirup ist wunderbar vielseitig, FODMAP-arm und verleiht den Speisen eine warme Süße. Da er teuer sein kann, lohnt es sich, eine große Menge im Internet zu bestellen, wenn Sie wissen, dass Sie viel backen werden.

MEHLE

Quinoa, Buchweizen und Hafer können zu glutenfreiem Mehl verarbeitet werden, das Backwaren eine vielfältige Konsistenz und unterschiedlichen Geschmack verleiht. Quinoamehl passt besonders gut zu pikanten Gerichten, während Buchweizen- und Hafermehl auch sehr gut mit Süßem harmonieren.

Kartoffelstärke Kartoffelstärke ist ein sehr feines, weißes Pulver aus geschälten Kartoffeln. Sie schmeckt neutral und eignet sich darum gut für die meisten Rezepte. Als Teil des Stärkeanteils einer glutenfreien Mehlmischung (Seite 45) sorgt sie bei Backwaren für eine leichte, luftige Konsistenz. Aber Achtung: Kartoffelstärke ist keineswegs das Gleiche wie Kartoffelmehl!

Tapiokamehl Es wird aus der getrockneten Stärke der Maniokwurzel hergestellt. Tapiokamehl hat kaum Eigengeschmack und lässt sich hervorragend für glutenfreie Mehlmischungen einsetzen.

Reismehl Sie können sowohl Vollreismehl als auch weißes Reismehl kaufen, doch für die Rezepte in diesem Buch habe ich hauptsächlich Vollreismehl verwendet. Es enthält mehr Nährstoffe und hat eine gewisse Ähnlichkeit mit Vollkornweizenmehl. Mischen Sie Reismehl am besten mit anderen glutenfreien Mehlsorten, um eine besonders gute Teig-Konsistenz zu bekommen.

MEINE VERLÄSSLICHEN EXTRA-ZUTATEN

Backpulver Dieses Backtriebmittel ist meiner Ansicht nach beim weizenfreien Backen unerlässlich. Es enthält Backnatron und Weinsäure, die – wenn sie feucht und warm werden – reagieren und Kohlendioxid abgeben, sodass Gebäck wunderbar aufgeht. Aber Vorsicht: Manche Backpulversorten enthalten Weizenmehl, kontrollieren Sie also unbedingt die Zutatenliste.

Tamari Die japanische Würzsoße auf der Basis von Sojabohnen ist eine weizenfreie Alternative zu Sojasoße. Tamari hat eine dunkle Farbe und einen kräftigeren, intensiveren Geschmack. Besonders gut eignet sie sich für Marinaden und Soßen. In kleineren Mengen gilt Tamari als FODMAP-arm – der Verwendung im Rahmen dieser Ernährungsweise steht also nichts im Weg.

Vanilleextrakt Vanille ist eine köstliche und FODMAP-freie Möglichkeit, Backwaren und süßen Speisen Tiefe und Aroma zu verleihen. In meinen Rezepten verwende ich reinen Vanilleextrakt, weil er rein natürliche Zutaten enthält. Er ist eine schnellere und preiswertere Option, um Vanillearoma zu erhalten, wenn Sie keine Vanilleschoten haben. Doch wenn Sie ihn durch Vanillemark aus der Schote ersetzen möchten, können Sie das ebenfalls problemlos tun.

GESCHMACK OHNE KNOBLAUCH UND ZWIEBELN

Rote und weiße Zwiebeln, Schalotten, Knoblauch sowie der weiße Teil von Frühlingszwiebeln und Lauchstangen – all das enthält große Mengen Oligofructose und ist deshalb im Rahmen einer FODMAP-armen Ernährungsweise nicht geeignet. Da Zwiebelgewächse die Grundlage so vieler Gerichte und in zahlreichen fertigen Sorten von Brühe enthalten sind (achten Sie beim Kauf von abgepackten Lebensmitteln wie Brühe, Soße, Chips und Suppen auf Zwiebeln in der Zutatenliste), fühlt es sich manchmal so an, als könnten Sie nur noch langweilige Speisen zu sich nehmen. Doch keine Sorge! Ich nenne Ihnen nachfolgend ein paar Tricks für tollen Ersatz, die ich mir im Laufe der Jahre angeeignet habe.

Versuchen Sie zum Beispiel Folgendes, um das Aroma Ihrer Gerichte zu intensivieren:

Für Zwiebelgeschmack: Die grünen Bestandteile von Frühlingszwiebeln und Lauchstangen können verwendet werden, wenn ein Rezept nach Zwiebeln verlangt. Erstaunlicherweise können die grünen Blätter die Fruktane, die in Zwiebelknollen, Lauch und Knoblauch vorkommen, aufspalten, sodass die meisten Menschen mit einem empfindlichen Darm sie gut vertragen. Auch Schnittlauch ist eine köstliche Option für zusätzliches Aroma; er schmeckt besonders intensiv, wenn er erst direkt vor dem Servieren hinzugefügt wird.

Für Knoblauchgeschmack: Olivenöl mit Knoblaucharoma ist fabelhaft. Die im Knoblauch enthaltene Oligofructose ist wasserlöslich, während das Allicin und andere Bestandteile, die dem Knoblauch sein leckeres Aroma verleihen, nicht in Öl löslich sind. Olivenöl mit Knoblaucharoma ist heute in den meisten großen Supermärkten erhältlich, preiswert, lange haltbar und perfekt für warme Speisen oder ein schnelles Abendessen geeignet.

Wenn Sie für ein Rezept das Öl erhitzen, fügen Sie zwei in Scheiben geschnittene Knoblauchzehen hinzu. Braten Sie diese ein paar Minuten, dann entfernen Sie die Knoblauchscheiben und werfen sie weg, bevor Sie den Kochvorgang fortsetzen. Denken Sie daran: Die Fruktane im Knoblauch sind wasserlöslich – verwenden Sie Knoblauch also nie in Brühen oder Suppen, sondern ausschließlich in Öl!

EIN PAAR HINWEISE ZUR VERWENDUNG DIESES BUCHES

MASSEINHEITEN

Als ich mit dem Kochen begann, war ich weniger genau und verwendete in der Regel Tassen oder warf die Zutaten einfach in einer Schüssel zusammen. Doch ich habe schnell gelernt, dass es wirklich darauf ankommt, die Zutaten abzuwiegen und die Maßeinheiten in den Rezepten zu berücksichtigen – insbesondere wenn es um das FODMAP-arme Backen geht. Da bei den FODMAP-freundlichen Mahlzeiten auch die Portionsgröße wichtig ist, habe ich alle Angaben in Gramm gemacht.

AUSRÜSTUNG

Sie sind ein Kochanfänger und haben bisher noch nicht viel Zeit in der Küche verbracht? Macht gar nichts: Keins der Rezepte in diesem Buch ist besonders arbeitsaufwendig, und Sie brauchen auch keine speziellen Geräte. Ich würde lediglich empfehlen, in einen Hochleistungsmixer und eine Küchenmaschine zu investieren. In diesem Bereich gibt es große Preisunterschiede, trotzdem muss man kein Vermögen ausgeben. Momentan verwende ich eine Küchenmaschine mit Hochleistungsmixeraufsatz, die ich für ungefähr 45 Euro gekauft habe, und sie ist klasse.

MILCH

Dieses Buch enthält viele Rezepte, in denen laktosefreie oder pflanzliche Milch zum Einsatz kommt. Ich überlasse Ihnen die Wahl, denn fast alle sind untereinander austauschbar, und ich möchte, dass Sie die Rezepte an Ihren Geschmack und Ihre Unverträglichkeiten anpassen. Wenn ich einmal eine bestimmte Milchsorte aufführe, dann liegt das daran, dass diese meiner Meinung nach in dem betreffenden Rezept am besten schmeckt.

ZUTATEN

Eier Sie schmecken köstlich als Rührei zum Frühstück, im Kuchen oder in der Quiche: Eier sind vielseitig, preiswert und FODMAP-freundlich, sodass Sie im Laufe der Woche immer wieder auf sie zurückgreifen können. Werden für ein Rezept Eier gebraucht, sollten Sie immer große Eier verwenden, bevorzugt von frei laufenden Hühnern – vor allem, wenn es um Backwaren geht. Ich bewahre meine Eier bei Zimmertemperatur auf, weil ich finde, dass sie sich dann besser zum Backen eignen und beim Kochen seltener aufplatzen.

Zitronen und Limetten Die Angabe »Saft von 1 Zitrone oder Limette« bezieht sich auf die unten angegebenen Mengen. Wenn es sich um ein herzhaftes Rezept handelt, finde ich es immer besser, etwas mehr Saft zur Verfügung zu haben, um die Speise gegebenenfalls an den eigenen Geschmack anpassen zu können.

Saft von 1 Zitrone = ungefähr 3 Esslöffel
Saft von 1 Limette = ungefähr 2–3 Esslöffel

BACKOFEN

Alle Rezepte habe ich in einem herkömmlichen elektrischen Backofen getestet. Wenn Sie einen Umluft- bzw. Heißluftherd verwenden, reduzieren Sie die angegebene Temperatur einfach um 20 °C.

SAISONALE ERNÄHRUNG

Sich saisonal und vielfältig zu ernähren, ist nicht nur eine tolle Möglichkeit, um den Darm gesund und zufrieden zu erhalten, sondern auch eine nachhaltige, preiswerte und dazu leckere Lebensweise. Vor vielen Jahren haben wir uns natürlicherweise nach dem Nahrungsangebot der jeweiligen Jahreszeit gerichtet, weil wir zu anderen Lebensmitteln keinen Zugang hatten. Nun, da wir fast an jedem Tag des Jahres dieselbe Nahrung kaufen können, neigen wir dazu, immer ähnliche Speisen zu essen. Viele Menschen würden sagen, dass unsere Ernährung heute deutlich eingeschränkter ist als früher.

Nutzen Sie die folgenden Übersichten, um auf einen Blick zu erkennen, welche FODMAP-armen Lebensmittel wann Saison haben, und passen Sie Ihren Einkauf und Ihre Küchenaktivitäten daran an. Das bedeutet nicht, dass Sie alle Nahrungsmittel meiden müssen, die gerade nicht Saison haben – wenn Sie ein bestimmtes Obst oder Gemüse das ganze Jahr über bekommen können und sehr gern mögen, dann können Sie es auf jeden Fall auch kaufen. Doch vielleicht denken Sie darüber nach, ob es nicht eine saisonale oder regionale Alternative gibt, die ebenso gut ist und möglicherweise sogar noch köstlicher schmeckt.

Obst

FRÜHLING *März bis Mai*	SOMMER *Juni bis August*	HERBST *September bis November*	WINTER *Dezember bis Februar*
Ananas	Bananen	Bananen	Ananas
Bananen	Erdbeeren	Maracujas	Bananen
Heidelbeeren	Heidelbeeren	Orangen: »Valencia«, Navel-	Clementinen
Kiwis	Himbeeren	Weintrauben	Kiwis
Orangen: Blut-, »Sevilla«, »Valencia«	Kiwis		Maracujas
Papayas	Maracujas		Orangen: Blut-, Navel-
Rhabarber	Melonen		Rhabarber

Gemüse

FRÜHLING *März bis Mai*	SOMMER *Juni bis August*	HERBST *September bis November*	WINTER *Dezember bis Februar*
Brokkoli	Auberginen	Auberginen	Fenchel
Brunnenkresse	Brokkoli	Brokkoli	Grünkohl
Chilischoten	Brunnenkresse	Fenchel	Kartoffeln
Frühkohl	Chilischoten	Grünkohl	Knollensellerie
Frühlingszwiebeln (nur der obere Teil)	Fenchel	Ingwer	Kohlrüben
Karotten	Frühlingszwiebeln (nur der obere Teil)	Karotten	Kürbis
Kartoffeln	Grüne Bohnen	Kartoffeln	Oliven
Kohl	Karotten	Knollensellerie	Pastinaken
Kopfsalat	Kartoffeln, neue Kartoffeln	Kohl	Speiserüben
Paprikaschoten	Kohl	Kopfsalat	Spinat
Salatgurken	Kopfsalat	Kürbis	Stangensellerie
Spinat	Paprikaschoten	Paprikaschoten	Süßkartoffeln (kleine Portion)
Zucchini	Rettich	Pastinaken	
	Rote Bete (kleine Portion)	Rote Bete (kleine Portion)	
	Rucola	Salatgurke	
	Salatgurken	Speiserüben	
	Stangensellerie	Spinat	
	Tomaten	Stangensellerie	
	Zucchini	Süßkartoffeln (kleine Portion)	
		Tomaten	
		Zucchini	

GRUNDZUTATEN

Wenn Sie die nachfolgend erwähnten Dinge vorrätig haben, ist das bei den meisten Rezepten in diesem Buch schon die halbe Miete. Zusammen bilden sie die breite Basis für Ihren neuen FODMAP-armen Lebensstil. Ich nutze sie ständig, und sie im Haus zu haben, macht das Leben ein bisschen leichter.

NUSSMILCH

Ergibt 1 Liter

Nussmilch ist eine hervorragende Alternative zu Kuhmilch, wenn Sie Laktose nicht gut vertragen oder vegan leben. Solange Sie FODMAP-freundliche Nüsse und Portionsgrößen wählen, ist Nussmilch leichter verdaulich und etwas nachhaltiger für die Umwelt. Außerdem lässt sich Nussmilch einfach herstellen und – was am wichtigsten ist – schmeckt klasse. Wenn Sie Nussmilch selbst herstellen, wissen Sie außerdem genau, was drin ist. Nussmilch schmeckt pur köstlich, kann aber auch als Grundlage für Smoothies und Desserts verwendet oder zum Frühstück über ein frisch zubereitetes Knuspermüsli (Seite 56) gegossen werden. Das Einzige, was Sie unbedingt tun müssen: Weichen Sie Ihre Nüsse ein! Sie werden dadurch weich, verdoppeln ihre Größe, lassen sich gut mixen und sind leichter verdaulich. Nutzen Sie das nachfolgende Rezept, wählen Sie Ihren Lieblingsgeschmack und legen Sie los.

ZUTATEN

120 g Nusskerne (Paranüsse, Mandeln, Macadamianüsse, Walnüsse oder Pekannüsse)
1 Liter kaltes, gefiltertes Wasser
2–3 EL Ahornsirup
1 TL reiner Vanilleextrakt
¼ TL Meersalz

ZUBEREITUNG

Die Nüsse in eine Schüssel füllen und so viel kaltes Wasser hinzufügen, dass die Nüsse komplett bedeckt sind. An einem kühlen Ort (aber nicht im Kühlschrank) über Nacht einweichen. Durch ein Sieb abgießen, das Einweichwasser wegschütten und die Nüsse mit frischem Wasser abspülen.

Nüsse, gefiltertes Wasser und Ahornsirup in einen Hochleistungsmixer füllen und eine Minute pürieren, bis eine geschmeidige Masse entsteht. Über die Öffnung eines großen Krugs ein Mulltuch (oder einen Kaffeefilter) legen und die Nussmilch durch das Tuch in den Krug gießen.

Die restliche Flüssigkeit aus den Nussresten im Mulltuch pressen. Das Tuch entfernen, dann Vanille und Salz unter die Flüssigkeit rühren. Gegebenenfalls eine der zusätzlichen Geschmackskombinationen (siehe unten) zusetzen.

Die Nussmilch in einem abgedeckten Krug oder einer Flasche im Kühlschrank aufbewahren und innerhalb von drei Tagen verbrauchen. Bei selbstgemachter Nussmilch kann es vorkommen, dass sich verschiedene Bestandteile absetzen – das macht nichts; rühren Sie die Milch einfach vor dem Servieren um bzw. schütteln Sie die Flasche.

Die ausgepressten Nussreste können Sie für andere Rezepte wie beispielsweise Smoothies oder Kuchen verwenden. Doch halten Sie sich dabei immer an FODMAP-freundliche Portionsgrößen.

GESCHMACKSKOMBINATIONEN

1 EL Rosenwasser und 1 TL gemahlener Kardamom
1 TL getrockneter Lavendel
2 EL Kakao
½ TL Zimt

EINFACHER GEMÜSEFOND

Ergibt 2 Liter

Zwiebeln sind ein Bestandteil der meisten Fond- oder Brühenprodukte, die man fertig kaufen kann, und viele enthalten darüber hinaus große Mengen Salz oder unverträgliche Zusatzstoffe und Füllmasse. Wenn Sie Ihren eigenen Fond aus Gemüse und Kräutern herstellen, werden Sie sich nicht nur wie eine Küchengöttin fühlen, sondern kontrollieren auch genau, was darin enthalten ist. Etwaige Reste bewahren Sie in Gefrierbeuteln im Gefrierfach auf, sodass Sie immer Fond zur Hand haben, wenn Sie ihn brauchen.

ZUTATEN

4 große Karotten
2 Stangen Sellerie
2 Stangen Lauch, nur die grünen Teile
1 Fenchelknolle
2 Lorbeerblätter
10 schwarze Pfefferkörner

ZUBEREITUNG

Das Gemüse putzen bzw. schälen, waschen und grob hacken. Mit Lorbeerblättern und Pfefferkörnern in einen großen Topf geben. 2 ½ l Wasser hinzufügen und zum Kochen bringen. Die Hitze reduzieren und 1 Stunde leicht köcheln lassen.

Vom Herd nehmen und auskühlen lassen. Wenn Sie Zeit haben, stellen Sie den Topf in den Kühlschrank, damit das Gemüse den Fond ein paar weitere Stunden aromatisieren kann. Andernfalls füllen Sie die Flüssigkeit in einen anderen Topf um und werfen das Gemüse weg.

Die Gemüsebrühe innerhalb von drei Tagen verbrauchen oder portionsweise in Gefrierbeuteln einfrieren und innerhalb von zwei Monaten verbrauchen.

Tipp

Bei den Rezepten in diesem Buch lasse ich häufig die Wahl zwischen Gemüsefond und heißem Wasser. Gemüsefond verleiht den Gerichten eine zusätzliche Geschmackstiefe, doch ich möchte nicht, dass Sie unter Stress geraten, falls Sie keinen zur Hand haben. Wenn die Zutaten, die Sie verwenden, von guter Qualität sind, werden die Rezepte auch ohne Fond aromatisch sein.

QUINOA

Ergibt etwa 400 g

Hier können Sie nachlesen, wie Sie großartige Quinoa kochen, die weder breiig noch bitter ist, sondern fein und ganz locker.

ZUTATEN

190 g Quinoa
1–2 EL Olivenöl
420 ml Gemüsefond (oder Wasser)
½ TL Salz, nach Geschmack

ZUBEREITUNG

Die Quinoa gründlich unter kaltem Wasser abspülen und gut abtropfen lassen. Das Olivenöl in einem Topf auf mittlerer bis hoher Stufe erhitzen und Quinoa hinzufügen. 1 Minute unter Rühren erhitzen, damit das Wasser verdunstet und die Quinoa leicht angeröstet wird.

Wasser oder Fond und Salz dazugeben und alles zum Kochen bringen. Die Hitze auf niedrige Stufe reduzieren, einen Deckel auflegen und ungefähr 12–15 Minuten köcheln lassen. Die Quinoa soll weich sein und den Großteil der Flüssigkeit aufgenommen haben.

Ein Stück Küchenpapier zwischen Topfrand und Deckel legen und Quinoa zugedeckt 10 Minuten nachquellen lassen. Vor dem Servieren mit einer Gabel auflockern. Die Körner sollten einen weißen »Heiligenschein« haben.

NUSSIGER BUCHWEIZEN

Ergibt 500 g

Rohe Buchweizengrütze ist hellbraun oder leicht grünlich und hat fast eine Pyramidenform. Ich koche am liebsten mit rohem Buchweizen, doch Sie können Ihre Buchweizengrütze als Kascha auch geröstet kaufen. Sie ist dann dunkelbraun, hat ein kräftigeres Aroma und passt zu einigen Rezepten besonders gut.

ZUTATEN

170 g rohe Buchweizengrütze
½ TL Salz

ZUBEREITUNG

Den Buchweizen gründlich unter kaltem Wasser abspülen. Dann mit 420 ml Wasser und Salz in einem mittelgroßen Topf zum Kochen bringen.

Die Hitze auf niedrige Stufe reduzieren, den Topf abdecken und ungefähr 10–12 Minuten köcheln lassen, bis die Buchweizengrütze weich ist und den Großteil der Flüssigkeit aufgenommen hat.

LOCKERER REIS

Ergibt 500–750 g

Ich koche Reis gern in reichlich Wasser, gieße ihn dann ab und lasse ihn in der Restflüssigkeit des Topfes dünsten. Diese Methode gibt dem Reis für meinen Geschmack die perfekte Konsistenz.

ZUTATEN

250 g Naturreis oder Reis
1 TL Salz

ZUBEREITUNG

Den Reis unter kaltem Wasser abspülen, bis das Wasser klar bleibt. Einen Topf auf mittlerer Stufe erhitzen und den Reis hinein geben.

500 ml kochendes Wasser dazugießen (achten Sie darauf, dass das Wasser 2 cm hoch über dem Reis steht) und salzen. Umrühren und wieder zum Kochen bringen, dann die Hitze auf niedrige Stufe reduzieren und den Topf abdecken.

Weißen Reis 15 Minuten, Naturreis 30–40 Minuten kochen. Den Wasserstand im Auge behalten und gegebenenfalls Wasser nachfüllen.

Sobald der Reis gar ist, die restliche Kochflüssigkeit abgießen und den Reis wieder in den Topf füllen. Abdecken und weitere 10 Minuten ruhen lassen. Mit einer Gabel auflockern und servieren.

GLUTENFREIE MEHLMISCHUNG

Glutenfreie Mehlmischungen sind von Marke zu Marke unterschiedlich zusammengesetzt, sodass Sie nie genau wissen können, wie sie sich in einem bestimmten Rezept verhalten. Ich finde es deutlich einfacher, meine eigene Mischung zusammenzustellen: So weiß ich exakt, was sie enthält, und kann eher einschätzen, wie sie sich verhalten wird.

Meine glutenfreie Mehlmischung können Sie in den meisten Rezepten anstelle von einfachem Mehl verwenden. Da sie kein Gluten enthält, füge ich zum Binden einen Teelöffel Xanthan hinzu. Dabei handelt es sich um ein pflanzliches Verdickungsmittel, das die Elastizität des Teigs erhöht und die Konsistenz von Backwaren verbessert. Es ist ebenso wie die Mehle in Bioläden und in vielen Supermärkten erhältlich.

ZUTATEN

240 g Vollreismehl
100 g Kartoffelstärke
30 g Tapiokamehl
1 TL Xanthan (optional, ist aber ein gutes Bindemittel)

ZUBEREITUNG

Die Zutaten in einer großen Rührschüssel vermischen und in einem luftdicht abschließenden Behälter an einem trockenen Ort aufbewahren.

Tipp

Sie können gern auch andere Mehlsorten wie Buchweizen oder Hafer in den Rezepten verwenden, um ein anderes Aroma zu erhalten und die Konsistenz zu variieren.

GEMÜSENUDELN

Ich liebe meinen Spiralschneider. Gemüsenudeln sind eine wirklich hervorragende Alternative zu glutenhaltiger Pasta und eine weitere Möglichkeit, ein Gericht mit zusätzlichen Nährstoffen anzureichern. Zucchini, Butternusskürbis und Karotten sind drei FODMAP-arme Gemüsesorten, die mit dem Spiralschneider geschnitten besonders gut verwendbar sind. Sie können sie roh verzehren oder vor dem Servieren einige Minuten dämpfen.

Wenn Sie keinen Spiralschneider haben, können Sie auch eine Vierkantreibe verwenden. Um aus Zucchini statt kurzen Schnipseln tolle, lange Bandnudeln herzustellen, legen Sie die Reibe auf die Seite wie einen Gemüsehobel. Achten Sie darauf, dass die dickste Reibe nach oben zeigt, und bewegen Sie die Zucchini mit langen Bewegungen darüber, um Bandnudeln zu produzieren. Ganz einfach, und so müssen Sie weniger Sorge haben, sich in die Finger zu hobeln!

Rezepte

Schnelle gebackene Eier mit würzigen Tomaten und Feta

Tropisches Overnight-Müsli

Waffel aus der Grillpfanne mit Orangen-Rhabarber-Kompott

Himbeer-Kokos-Haferbrei

Spinat-Smoothie-Pfannkuchen mit Haselnussaufstrich und frischen Erdbeeren

Guten Morgen, Sonnenschein! oder Sonntags-Entgiftungssaft

Guten Morgen, Sonnenschein!

Ich habe nie zu den Leuten gehört, die das Frühstück auslassen und das Mittagessen als erste Mahlzeit des Tages zu sich nehmen. Das Frühstück ist mit Abstand meine liebste Mahlzeit, und ich bin zutiefst davon überzeugt, dass frühmorgens alles am besten schmeckt. Was Sie am Morgen zu sich nehmen, bereitet Sie – und Ihren Darm – auf den Rest des Tages vor.

Was kommt Ihnen in den Sinn, wenn Sie an ein typisches Frühstück denken? Abgepacktes Müsli, Weißbrot, Fruchtsaft aus dem Tetrapack? Das sind alles Lebensmittel, die häufig stark industriell verarbeitet und reich an FODMAPs sind – selbst wenn Sie die Varianten ohne Gluten kaufen.

Ich habe früher den Tag mit einem zuckerigen, gekauften Knuspermüsli oder zwei Scheiben abgepacktem, weizenfreiem Weißbrot mit einer Menge fruktosereicher Marmelade begonnen; danach fühlte ich mich schnell mies, unruhig und später lethargisch. Wahrscheinlich befand sich auch mein Darm immer in höchster Alarmbereitschaft.

Doch es muss nicht sein, dass Ihr Frühstück diese Auswirkungen hat; und natürlich muss es nicht auf Weizen und Milchprodukten oder allergenfreien Alternativprodukten basieren! Es würde mich sehr freuen, wenn Sie aus diesem Kapitel für Ihr Frühstück – und alle Speisen im Rahmen der FODMAP-armen Diät – die Botschaft mitnähmen: Machen Sie es selber und machen Sie es besser!

Im Zentrum stehen von Natur aus FODMAP-arme, Energie spendende, nährstoffreiche und köstliche Zutaten. Und mit ein bisschen Vorausplanung werden Sie Ihren Tag garantiert besser genährt und zufriedener beginnen. Ich weiß, Sie denken jetzt vermutlich: »Was denkt sie sich bloß? Für so etwas habe ich keine Zeit!«, doch ich verspreche Ihnen – Sie haben die Zeit dafür!

In diesem Kapitel finden Sie Rezepte, die maximal zehn Minuten brauchen und als gesundes, leckeres, darmfreundliches Frühstück unter der Woche dienen. Aber dabei sind auch Ideen, deren Umsetzung etwas länger dauert und die für mehrere Personen gedacht sind – perfekt für das Wochenende, wenn Sie mehr freie Zeit haben.

Eine köstliche Schale Overnight-Müsli (Seite 57) ist eine unglaublich einfache Methode, mit einem zufriedenen Darm in die Woche zu starten. Füllen Sie lediglich am Vorabend alle Zutaten in ein sauberes Gefäß, und schon finden Sie beim Erwachen ein äußerst darmfreundliches Frühstück vor.

Bereiten Sie in einer Sonntagmorgen-Backaktion eine große Portion Bananen-Knuspermüsli (Seite 56) vor, sodass Sie es nur noch in eine Schale füllen und Ihre Lieblingsmilch darüber gießen müssen. Heute ist es wirklich einfach, eine große Auswahl an unterschiedlichen Sorten Pflanzenmilch und laktosefreier Kuhmilch zu bekommen, die sanfter für den Darm sind. Oder Sie stellen Ihre eigene Milch her (Seite 42), damit Sie genau wissen, was sie enthält.

Wenn Sie ein sättigendes, herzhaftes und warmes Frühstück suchen, das ohne FODMAP-reiche Zutaten auskommt, ist das Gericht »Pochiertes Dukkah-Ei mit Buchweizen und Grünzeug« (Seite 66) wie für Sie geschaffen.

Natürlich gibt es auch Vormittage, an denen Sie rasch aus der Tür eilen und schon zehn Minuten Freizeit ein Luxus sind – da kommen dann Smoothies ins Spiel. Suchen Sie aus, was Sie haben möchten: Erdbeer-Bananen-Milch, Piña-Colada-Smoothie mit Ingwer oder Kraft-Smoothie zum Frühstück (alle auf den Seiten 67 und 68). Geben Sie alles in einen Mixer, füllen Sie die Mischung für später in eine Flasche um, und los geht's.

Schnell vorspulen zum Wochenende und einer riesigen Waffel aus der Grillpfanne (Seite 60), serviert mit dickem Joghurt und Kompott – das ist, neben gebackenen Eiern mit würzigen Tomaten und Feta (Seite 50), einer meiner Favoriten unter den Frühstücksgerichten. Dazu noch eine Tasse Minzetee und heißes Wasser mit Zitrone, und Ihr Darm wird Sie lieben.

Fangen Sie klein an. Bereiten Sie zunächst gesunde und FODMAP-arme Frühstücksspeisen zu und arbeiten Sie sich dann zu anderen Rezepten vor. Essen Sie nur noch die Lebensmittel, die Sie mit Energie versorgen, zufrieden machen und den Tag gut bewältigen lassen – dann werden Sie sich fragen, warum Sie noch nicht früher auf die Idee gekommen sind, so zu frühstücken.

Schnelle gebackene Eier mit würzigen Tomaten und Feta

4 PORTIONEN

ZUTATEN

1 EL Kokosöl
1 rote Chilischote (ohne Kerne und fein gehackt)
400 g Pizzatomaten (Dose)
½ TL Chiliflocken
¼ TL Paprikapulver
1 TL getrocknete, gemischte Kräuter
150 g Blattspinat
4 Eier
100 g Feta
1 große Handvoll frische Kräuter, zum Beispiel Petersilie oder Koriander, fein gehackt

Ein wirklich einfaches, gesundes und den Bauch wärmendes Gericht! Servieren Sie es mit knusprigem, glutenfreiem Brot, wenn Sie großen Hunger haben, mit Räucherlachs für den besonderen Kick oder pur, wenn es einfach sein soll. Mit den wenigen Zutaten, die Sie vermutlich generell im Haus haben, gelingt dieses Rezept schnell und sicher – und kostet außerdem wenig, was ja auch nicht schlecht ist.

ZUBEREITUNG

Den Backofen auf 200 °C vorheizen (Umluft: 180 °C, Gas: Stufe 3–4). Etwas Kokosöl in einer Pfanne erhitzen und die Chilischote 2–3 Minuten braten. Dann Tomaten, Gewürze und getrocknete Kräuter hinzufügen. Die Tomatenmischung aufkochen und dann ungefähr 5 Minuten einkochen lassen.

Anschließend den Spinat dazugeben und unter Rühren erhitzen, bis er zusammenfällt. Die Pfanne vom Herd nehmen und die Spinat-Tomaten-Mischung in eine mittelgroße Auflaufform füllen.

Mit der nach außen gewölbten Seite eines großen Löffels vier Mulden in die Mischung drücken. In jede davon 1 Ei schlagen. Den Feta zerkrümeln und über der Gemüsemischung verteilen.

Die Form in den Ofen schieben und 15 Minuten überbacken. (Das Eiweiß soll gestockt, aber das Eigelb noch leicht flüssig sein.) Mit frischen Kräutern bestreuen und sofort servieren.

Buchweizencrêpes mit Räucherlachs und Ziegenkäsecreme

4 PORTIONEN

ZUTATEN

125 g Buchweizenmehl
Salz
1 Ei
200 g Ziegenweichkäse
1 Bio-Zitrone
2 EL Korianderblätter, grob gehackt
3 Frühlingszwiebeln (nur der obere grüne Teil), in feine Streifen geschnitten
Meersalz
frisch gemahlener schwarzer Pfeffer
1 EL Kokosöl
400 g Räucherlachs, in Stücke geschnitten

Tipp

Falls etwas Teig übrig bleibt, können Sie daraus Minipfannkuchen zubereiten und im Kühlschrank aufbewahren. Sie eignen sich gut als Snack zum Mitnehmen für unterwegs. Ich mag sie gern mit ein wenig Heidelbeer-Chia-Fruchtaufstrich (Seite 63) … Die restliche Ziegenkäsecreme sofort verbrauchen oder abgedeckt bis maximal 1 Tag im Kühlschrank aufbewahren.

Dieser leckere, von Natur aus glutenfreie Genuss ist ganz dünn, steckt aber voller Ballaststoffe. Der Belag aus Räucherlachs und cremigem Ziegenkäse schmeckt köstlich. Sehr einfach zu machen sind die Crêpes außerdem. Verabschieden Sie sich also vom morgendlichen Blähbauch und freuen Sie sich auf Ihre hautengen Jeans.

ZUBEREITUNG

Das Mehl in eine große Schüssel sieben und ¼ TL Salz hinzufügen. In einer separaten Schüssel das Ei mit 300 ml Wasser verquirlen und dann langsam das Mehl dazugeben. Dabei ständig weiter mit dem Schneebesen schlagen, damit ein geschmeidiger, dünner Teig entsteht. 10 Minuten ruhen lassen (ich verspreche Ihnen, dass sich das lohnt!).

Inzwischen den Ziegenkäse mit einer Gabel grob zerdrücken. (Er muss nicht ganz geschmeidig werden – es schmeckt sogar besser, wenn der Käse etwas stückig bleibt.) Von der Zitrone die Schale fein abreiben und den Saft auspressen. Beides mit Koriander und Frühlingszwiebelgrün unter den Ziegenkäse mischen. Mit Salz und Pfeffer abschmecken.

Eine große, beschichtete Pfanne mit ein wenig Kokosöl auf großer Stufe erhitzen. Den Teig nochmals kurz durchquirlen. Eine Schöpfkelle mit Teig in die Pfanne geben und die Pfanne rasch schwenken, sodass sich der Teig zu einem dünnen Kreis verteilt. 2–3 Minuten backen, bis die Ränder sich aufzurollen beginnen, dann wenden und 1 weitere Minute backen.

Wenn die Crêpe eine schöne, goldene Färbung hat, auf einen vorgewärmten Teller gleiten lassen oder bei sehr niedriger Temperatur im Backofen warm halten. Mit dem Rest des Teigs auf dieselbe Weise verfahren. (Den Teig ab und zu umrühren, damit keine Klümpchen entstehen.)

Die Crêpes mit dem Räucherlachs, der Ziegenkäsecreme und einem zusätzlichen Spritzer Zitronensaft servieren.

Spinat-Smoothie-Pfannkuchen mit Haselnussaufstrich und frischen Erdbeeren

4 PORTIONEN

ZUTATEN

125 g Buchweizenmehl
1 großes Ei
¼ TL feines Salz
300 ml laktosefreie Milch oder Pflanzenmilch nach Wahl
2 große Handvoll Spinat
1 EL Kokosöl
8 EL Hasel-Pekannuss-Schoko-Aufstrich (Seite 184)
300 g Erdbeeren, in Scheiben geschnitten

Dies ist eine süße und köstliche Variante, den Crêpeteig von Seite 53 zu genießen – mit zusätzlichem Gemüse und einem gesunden Schokoladenaufstrich. Der Teig muss eine Weile gekühlt werden. Deshalb mache ich ihn gern morgens gleich als Erstes, bevor ich unter die Dusche springe.

ZUBEREITUNG

Buchweizenmehl, Ei, Salz, Milch und Spinat in einen Mixer füllen und pürieren. Den Teig 20 Minuten kalt stellen.

Eine große, beschichtete Pfanne auf hoher Stufe erhitzen und ein wenig Kokosöl hineingeben. Eine Schöpfkelle voll Teig in die Pfanne füllen und rasch schwenken, sodass sich der Teig zu einem dünnen Kreis verteilt. 2–3 Minuten braten, bis die Ränder sich aufzurollen beginnen, dann wenden und 1 weitere Minute braten.

Wenn die Crêpe eine dunklere Färbung angenommen hat, auf einen vorgewärmten Teller gleiten lassen oder bei sehr niedriger Temperatur im Backofen warm halten. Mit dem Rest des Teigs auf dieselbe Weise verfahren. (Den Teig ab und zu umrühren, damit keine Klümpchen entstehen.)

Mit Haselnussaufstrich und Erdbeerscheiben servieren.

Bananen-Knuspermüsli

6 PORTIONEN

ZUTATEN

270 g Haferflocken
80 g Mandelkerne
4 EL Kürbiskerne
½ TL Meersalz
2 Bananen
3 EL Kokosöl, geschmolzen
3 EL Ahornsirup
1 TL reiner Vanilleextrakt

Sehr viele gekaufte, abgepackte Knuspermüslisorten enthalten Weizen, raffinierten Zucker und Trockenfrüchte voller Konservierungsstoffe, die alle bei einer FODMAP-armen Ernährung Schaden anrichten können. Wenn Sie Ihr Knuspermüsli selbst herstellen, fühlen Sie sich nicht nur wie eine Küchengöttin, sondern Sie können auch den leckeren Geschmack und die Süße nach Wunsch variieren sowie ganz ohne FODMAPs auskommen. Durch die zerdrückten Bananen bilden sich tolle, knusprige Klümpchen, und Sie benötigen weniger Süßungsmittel und Öl, um für die Bindung zu sorgen. So ist das Rezept auch insgesamt gesünder als gekaufte Müslis.

ZUBEREITUNG

Den Backofen auf 200 °C vorheizen (Umluft: 180 °C, Gas: Stufe 3) und ein Backblech mit Backpapier auslegen.

Haferflocken, Mandeln, Kürbiskerne und Salz in eine große Schüssel füllen und mit einem Kochlöffel umrühren. In einer separaten Schüssel die Bananen zerdrücken. Kokosöl, Ahornsirup und Vanilleextrakt unterrühren.

Die Haferflocken-Mandel-Mischung zufügen und umrühren oder mit den Händen vermengen.

Die Mischung gleichmäßig auf dem Backblech verteilen. 15–20 Minuten backen, bis das Knuspermüsli goldbraun ist; dabei nach 10 Minuten kurz durchrühren.

Das Knuspermüsli etwas abkühlen lassen. Mit kalter, laktosefreier Milch, einer pflanzlichen Milchalternative oder Joghurt nach Wahl servieren.

Tipps

Lassen Sie das Salz in diesem Rezept nicht weg, da es dem Knuspermüsli sein besonderes Aroma verleiht. Ein halber Teelöffel reicht schon aus, um den Geschmack zu intensivieren. Etwaige Reste in einem luftdicht abschließenden Behälter bis zu einem Monat aufbewahren.

Tropisches Overnight-Müsli

1 PORTION

ZUTATEN
50 g Haferflocken
125 ml laktosefreie Milch oder Pflanzenmilch nach Wahl
1 EL Mandelblättchen
1 EL Sonnenblumenkerne
¼ TL Meersalz
1 EL laktosefreier Joghurt
1 EL Ahornsirup
1 Kiwi, geschält und in Scheiben geschnitten
Fruchtfleisch von ½ Maracuja

Tipps

Falls Ihr Darm keinen Hafer mag, probieren Sie es stattdessen mit Quinoaflocken, die ebenso wie Haferflocken durch Dämpfen und Pressen hergestellt werden.
Wenn Sie wissen, dass Sie Chiasamen vertragen, können Sie einen Teelöffel davon unter die Mischung rühren, bevor Sie sie in den Kühlschrank stellen. Dadurch nehmen Sie zusätzliche Ballaststoffe zu sich und erhalten eine noch cremigere, dickere Konsistenz.
Vervielfachen Sie die Zutaten, um eine große Menge für mehrere Frühstücke vorzubereiten. Bewahren Sie die Reste einfach in einem luftdicht abschließenden Behälter im Kühlschrank auf und fügen Sie jeden Morgen frisches Obst hinzu.

Das Einweichen der Haferflocken und Kerne in diesem Rezept verleiht dem Müsli nicht nur eine leckere, cremige Konsistenz, sondern erleichtert auch den Verdauungsprozess. Sie müssen lediglich alles zusammen in eine Schale oder ein Glas füllen, abdecken und über Nacht in den Kühlschrank stellen. Morgens krabbeln Sie dann aus dem Bett, rühren um und bereiten frisches Obst vor – fertig!

ZUBEREITUNG
Haferflocken, Milch, Mandelblättchen, Sonnenblumenkerne und Salz in eine Schale füllen. Mit einem Teller oder Frischhaltefolie abdecken und über Nacht im Kühlschrank einweichen.

Die Mischung am Morgen gut umrühren. Mit Joghurt, Ahornsirup, Kiwischeiben und Maracuja-Fruchtfleisch anrichten.

Vanille-Quinoa-Brei mit Lavendel-Erdbeeren

2 PORTIONEN

ZUTATEN
150 g Erdbeeren
1 ½ EL Ahornsirup (plus nach Belieben etwas mehr zum Servieren)
1–2 TL Lavendelknospen
100 g Quinoa
120 ml Mandelmilch (plus nach Belieben etwas mehr zum Servieren)
1 TL Zimt
1 TL reiner Vanilleextrakt

Tipp

Durch das Abspülen werden Schalenreste der Quinoa entfernt, die schwer verdaulich sein und bitter schmecken können.

Das ist ein ganz tolles Rezept, wenn Sie ein bisschen Abwechslung in Ihre Frühstücksroutine bringen möchten oder Hafer nicht gut vertragen. Quinoa ist eiweißreich, eine hervorragende Quelle für Ballaststoffe und wunderbar zum Frühstück geeignet, da sie lange satt macht und Energie liefert. In dieser cremigen Traumkombination mit Lavendel-Erdbeeren sollten Sie Quinoa unbedingt einmal probieren!

ZUBEREITUNG

Erdbeeren würfeln und in eine kleine Schale füllen. ½ EL Ahornsirup und die leicht mit den Händen zerdrückten Lavendelknospen hinzufügen. Umrühren und beiseitestellen.

Quinoa unter kaltem Wasser abspülen, bis das Wasser klar ist. Quinoa in einen mittelgroßen Topf füllen, 375 ml Wasser dazugießen und zum Kochen bringen. Dann die Hitze reduzieren und zugedeckt 10 Minuten köcheln lassen.

Milch, Zimt, 1 EL Ahornsirup und Vanille zufügen. Den Deckel wieder auflegen und weitere 5 Minuten unter gelegentlichem Umrühren köcheln lassen, bis die Quinoa gar ist und den Großteil der Flüssigkeit aufgenommen hat.

Vom Herd nehmen und den Quinoabrei auf zwei Schalen aufteilen. Mit den Lavendel-Erdbeeren und nach Belieben mit zusätzlicher Milch oder Ahornsirup servieren.

Waffel aus der Grillpfanne mit Orangen-Rhabarber-Kompott

6 PORTIONEN

ZUTATEN

Für das Kompott

400 g Rhabarber
Saft von 1 Orange
1 Stück Ingwer (5 cm), geschält und in feine Streifen geschnitten
50 g brauner Zucker

Für die Waffel

225 g glutenfreie Mehlmischung (Seite 45)
2 ½ TL glutenfreies Backpulver
2 Eier
300 ml laktosefreie Milch oder Pflanzenmilch nach Wahl
1 TL reiner Vanilleextrakt
50 g flüssige laktosefreie Butter (plus etwas mehr zum Einfetten) nach Belieben
laktose- oder milchfreier Joghurt

Tipp

Falls etwas übrig bleibt: Reste des Kompotts können Sie in einem luftdicht schließenden Behältnis im Kühlschrank bis zu 3 Tage aufbewahren.

Das ist ein Gericht, das am Wochenende immer gut ankommt und für gute Laune sorgt. Da die Waffel in einer Grillpfanne gebacken wird, benötigen Sie kein Waffeleisen (wer hat denn so was?). Sie ist innen weich, außen knusprig und hat goldbraune Rillen, die sich prima mit fruchtigem Kompott und cremigem Joghurt füllen lassen. Am besten verwenden Sie eine beschichtete Grillpfanne, doch wenn Ihre aus Gusseisen ist und die Waffel ein wenig festklebt, wird sie dennoch gut schmecken.

ZUBEREITUNG

Für das Kompott den Rhabarber waschen, putzen und in 2,5 cm lange Stücke schneiden. Mit Orangensaft, Ingwer und Zucker zugedeckt aufkochen lassen. Dann die Hitze reduzieren und alles 8–10 Minuten sanft köcheln lassen, bis der Rhabarber weich ist.

Inzwischen Mehl und Backpulver in eine große Schüssel sieben und in die Mitte eine Vertiefung drücken. In einer separaten Schüssel Eier, Milch, Vanille und Butter verquirlen. Die Milchmischung langsam zum Mehl gießen und dabei mit einem Holzlöffel verrühren.

Eine quadratische Grillpfanne (25 x 25 cm) mit Butter einfetten und auf mittlerer Stufe erhitzen. Den Teig hineingießen und 6–8 Minuten backen. Dann die Waffel vorsichtig wenden und die andere Seite weitere 2–3 Minuten backen, sodass beide Seiten goldbraun sind und die Waffel durchgebacken ist.

Die Waffel auf ein Schneidbrett gleiten lassen und in sechs Rechtecke schneiden. Jedes Stück mit Joghurt und Kompott garnieren.

Fluffige Bananen-Zimt-Pfannkuchen

1 PORTION

ZUTATEN

1 Banane

2 Eier

½ TL glutenfreies Backpulver

¼ TL Salz

1 TL reiner Vanilleextrakt

½ TL Zimt

2 EL Haferflocken

1 TL Kokosöl

Ahornsirup und FODMAP-freundlicher Belag nach Wahl zum Servieren

Diese normalerweise aus nur zwei Zutaten bestehenden Pfannkuchen scheinen bei vielen Menschen, die sich FODMAP-arm ernähren, beliebt zu sein – und sobald Sie sie gekostet haben, werden Sie wissen, warum. Ich habe sie trotzdem mit ein paar Extras wie Zimt, Hafer und Ahornsirup ein wenig abgewandelt, so schmecken sie meiner Ansicht nach noch köstlicher.

ZUBEREITUNG

Die Banane in einer Schüssel zerdrücken. Die Eier in die Schüssel schlagen und alles zu einem Teig verrühren. Backpulver, Salz, Vanille, Zimt und Haferflocken unterrühren.

In einer beschichteten Pfanne auf mittlerer Stufe das Kokosöl erhitzen. Pro Pfannkuchen 2 Esslöffel des Teigs hineingeben, sodass das Fett leicht brutzelt. 1 Minute backen, bis die Unterseite goldbraun aussieht, wenn der Pfannkuchen an einer Seite angehoben wird.

Pfannkuchen vorsichtig wenden und 1 weitere Minute backen, bis auch die andere Seite goldbraun ist. Fertige Pfannkuchen auf einen Teller gleiten lassen und mit dem Rest des Teigs auf dieselbe Weise verfahren. (Die fertigen Pfannkuchen im Backofen warm halten, falls Sie mehr als eine Portion zubereiten.)

Die Pfannkuchen am besten sofort noch warm servieren. Mit Ahornsirup beträufeln oder etwas Heidelbeer-Chia-Fruchtaufstrich (Seite 63) und laktosefreien Joghurt dazu genießen.

Tipp

Bei großen Pfannkuchen ist das Wenden schwieriger, da sie so dünn sind. Am besten halten Sie sich an die 2 Esslöffel Teig pro Pfannkuchen und backen mehrere kleine Pfannkuchen.

Heidelbeer-Chia-Fruchtaufstrich

ERGIBT ETWA 200 G

ZUTATEN

230 g Heidelbeeren
2–4 EL Ahornsirup, je nach gewünschtem Süßegrad
1 EL Zitronensaft
1 TL reiner Vanilleextrakt
½ TL Meersalz
2 EL Chiasamen

Dieser Fruchtaufstrich wird aus frischem Obst, natürlichen Süßungsmitteln und Chiasamen hergestellt. Die gesamte Zubereitung nimmt nur ein paar Minuten in Anspruch – danach müssen Sie sich nur noch zurücklehnen und warten, bis die Chiasamen ihre Aufgabe verrichtet haben. Der Aufstrich schmeckt übrigens auch mit Erdbeeren oder Himbeeren köstlich!

ZUBEREITUNG

Die Heidelbeeren in einen Topf füllen und auf mittlerer Stufe erhitzen. Ungefähr 7–10 Minuten köcheln lassen, bis die Beeren aufplatzen und süßlich werden. Dann die Beeren mit der Rückseite eines Pfannenwenders oder einer Gabel zerdrücken, bis die gewünschte Konsistenz erreicht ist.

Den Topf vom Herd nehmen, Ahornsirup, Zitronensaft, Vanilleextrakt und Salz unterrühren. Probieren und gegebenenfalls etwas zusätzlichen Ahornsirup oder Zitronensaft hinzufügen.

Die Chiasamen einrühren und alles 5 Minuten eindicken lassen. (Der Fruchtaufstrich erreicht nicht ganz die feste Konsistenz von Konfitüre, wird aber sehr dickflüssig.)

Auf Zimmertemperatur abkühlen lassen, dann in ein sterilisiertes Gefäß oder eine Plastikdose füllen. Wenn der Fruchtaufstrich vollständig ausgekühlt ist, wird er noch etwas fester. Im Kühlschrank hält er sich bis zu 1 Woche.

Tipps

Chiasamen stecken voller Omega-3-Fettsäuren, sind reich an Ballaststoffen und Eiweiß und – was in diesem Fall am wichtigsten ist – verwandeln Flüssigkeit in ein dickes Gel, da sie bis zum Neunfachen ihres Volumens an Wasser aufnehmen können.
Es hat sich gezeigt, dass ein Esslöffel Chiasamen kaum FODMAPs enthält. Wer allerdings einen sehr empfindlichen Darm hat, kann dennoch Probleme mit Chiasamen haben. Testen Sie also Ihre individuelle Toleranzgrenze aus.

Himbeer-Kokos-Haferbrei

1 PORTION

ZUTATEN

50 g Haferflocken

250 ml laktosefreie Milch oder Pflanzenmilch nach Wahl

½ TL Meersalz

1 EL Erdnussbutter (optional)

1 Handvoll Himbeeren

1 Handvoll Kokosflocken

Ich weiß, dass ich bereits auf Seite 58 Quinoabrei erwähnt habe. Doch ich habe das Gefühl, als wäre es ein Verbrechen, kein Rezept für Haferbrei (auch Porridge genannt) aufzunehmen, zumal ich ihn sehr oft esse. Kurz und gut: Dieser samtige und köstliche Brei ist eine hervorragende Möglichkeit, in den Tag zu starten.

ZUBEREITUNG

Die Haferflocken mit der Milch und dem Salz in einem Topf verrühren. Zum Kochen bringen und 4–5 Minuten köcheln lassen, dabei gelegentlich umrühren, damit der Brei nicht anbrennt.

Vom Herd nehmen und gegebenenfalls die Erdnussbutter unterrühren. Den Haferbrei in eine Schüssel füllen; mit den Himbeeren und Kokosflocken garnieren.

Pochiertes Dukkah-Ei mit Buchweizen und Grünzeug

1 PORTION

ZUTATEN

4 EL Buchweizengrütze
1 EL Kokosöl
2 Frühlingszwiebeln (nur der obere grüne Teil), in feine Streifen geschnitten
½ mittelgroße Chilischote, entkernt und in feine Streifen geschnitten
2 große Handvoll Grünkohl, in Stücke gezupft
1 kleine Handvoll frische Minze, fein gehackt
1 kleine Handvoll frische Petersilie
Saft von ½ Zitrone
1 EL Apfelessig oder Weißweinessig
1 Ei
1 EL Dukkah (Seite 152)

Tipps

Dieses Gericht schmeckt auch kalt als Mittagessen – dann passt statt des pochierten Eis ein hart gekochtes dazu. Den Buchweizen können Sie ganz nach Belieben durch Quinoa ersetzen. Es sitzen mehr Personen am Frühstückstisch? Dann vervielfachen Sie einfach die Zutatenmengen.
Dukkah ist eine traditionelle, orientalische Mischung aus Nüssen, Samen und Gewürzen, die in der Regel mit einer Schale Olivenöl und Brot als kleine Speise serviert wird. Doch sie schmeckt auch hier hervorragend zu einem pochierten Ei.

Das ist eine köstliche, herzhafte Frühstücksalternative: Die von Natur aus glutenfreie Buchweizengrütze passt mit ihrer nussigen Note hervorragend zum gebratenen Grünkohl und zum scharfen Chili.

ZUBEREITUNG

Einen kleinen Topf zu zwei Dritteln mit Wasser füllen. Das Wasser zum Kochen bringen, die Buchweizengrütze einrühren und 10 Minuten köcheln lassen, bis sie gar ist (sie soll noch etwas Biss haben). Abgießen und beiseitestellen.

Etwas Kokosöl in einer Pfanne auf mittlerer Stufe erhitzen. Frühlingszwiebeln und Chili etwa 2 Minuten braten, bis sie duften.

Grünkohl und Buchweizen zufügen und 2–3 Minuten braten, bis der Grünkohl in sich zusammenzufallen beginnt. Die Kräuter dazugeben und 1 weitere Minute braten. Mit Meersalz und 1 Spritzer Zitronensaft würzen.

Für das pochierte Ei einen Topf zu etwa zwei Dritteln mit Wasser füllen. Das Wasser zum Kochen bringen. Die Hitze reduzieren, das Wasser leicht köcheln lassen und Essig dazugießen – erhält das Ei in Form.

Das Ei in eine Tasse schlagen. Die Tasse vorsichtig ins Wasser tauchen und dabei das Ei ins Wasser gleiten lassen. Die Garzeit für das pochierte Ei hängt in erster Linie von den individuellen Vorlieben ab: Bei 4 Minuten Garzeit ist das Eiweiß fest und das Eigelb noch flüssig.

Das Ei mit einem Schaumlöffel aus dem Wasser heben und abtropfen lassen. Die Buchweizen-Gemüse-Mischung in eine Schale füllen, mit dem pochierten Ei belegen und das Dukkah darüberstreuen. Sofort genießen.

FODMAP-freundliche Smoothies

Die meisten gekauften Smoothies stecken voller FODMAP-reichem Obst, Zucker und Fruktose. Oft ist es besser (und preiswerter), Smoothies selbst zuzubereiten! Als allgemeine Regel für FODMAP-arme Smoothies gilt: Machen Sie es nicht zu kompliziert. Verwenden Sie nicht mehr als zwei Obstsorten und ein oder zwei Sorten Gemüse beziehungsweise Blattgemüse pro Smoothie. Experimentieren Sie zunächst mit kleinen Portionen und wählen Sie verschiedene Nahrungsmittel aus der sicheren Kategorie, um zu sehen, wie Ihr Körper reagiert. Sobald Sie Ihre Toleranzgrenzen einschätzen können, sind Smoothies eine hervorragende Option, um viele gute Lebensmittel zu genießen, die in dieser Form außerdem leichter verdaulich sind als ein schweres Frühstück. Wenn einer der Smoothies für Ihren Geschmack zu dick sein sollte, fügen Sie einfach noch etwas Flüssigkeit hinzu und pürieren ihn noch einmal.

Erdbeer-Bananen-Milch

1 PORTION

Das ist möglicherweise das älteste Smoothierezept überhaupt. Doch es misslingt nie und enthält wenige FODMAPs. Wenn Sie mit Smoothies noch nicht so viel Erfahrung haben, sind Bananen und Beeren eine tolle Geschmackskombination, die nicht nur sehr hübsch aussieht, sondern auch noch lecker wie ein Dessert schmeckt.

ZUTATEN

150 g Erdbeeren (etwa 2 große Handvoll)
½ Banane, geschält, zerkleinert und gefroren
125 ml Mandelmilch

ZUBEREITUNG

Erdbeeren waschen, putzen, zerkleinern und zusammen mit Banane und Milch in einen Mixer füllen. Auf hoher Stufe pürieren, bis ein sehr geschmeidiger Smoothie entsteht.

Honigmelonen-Gurken-Smoothie

2 PORTIONEN

Der leichteste dieser vier Smoothies – und fröhlich grün. Die erfrischende, wasserreiche Honigmelone dient als wunderbare, FODMAP-arme Grundlage mit einer natürlichen Süße.

ZUTATEN

150 g Bio-Salatgurke
320 g Honigmelone
12 (ungefähr) frische Minzeblätter
2–4 EL frischer Limettensaft, nach Geschmack
1 TL Ahornsirup (optional – weglassen, wenn die Melone sehr reif und süß ist)

ZUBEREITUNG

Salatgurke waschen und in kleine Stücke schneiden, Melone zerkleinern. Alle Zutaten in einen Mixer füllen und auf hoher Stufe pürieren, bis ein geschmeidiger Smoothie entsteht.

Piña-Colada-Smoothie mit Ingwer

1 PORTION

Verbannen Sie die grauen Wolken und den Nieselregen auf Ihrem Arbeitsweg mit diesem Schätzchen, das Sie auf eine Reise zu Sonnenschein und Palmenstränden mitnimmt. Ananas soll die Verdauung unterstützen, während Ingwer schon seit Langem verwendet wird, um den Darm zu beruhigen – ein perfekter Smoothie, um in den Tag zu starten.

ZUTATEN

Saft von ½ Limette
1 cm langes Stück frischer Ingwer, geschält und gerieben
225 g Ananasstücke, gefroren
240 ml laktosefreie Milch oder Pflanzenmilch nach Wahl

ZUBEREITUNG

Alle Zutaten in einen Mixer füllen und auf hoher Stufe pürieren, bis ein geschmeidiger Smoothie entsteht.

Tipp

Dieser Smoothie schmeckt auch in gefrorenem Zustand bzw. als Eis köstlich. Verwenden Sie dafür Formen zur Herstellung von Eis am Stiel.

Kraft-Smoothie zum Frühstück

1 PORTION

Der Hafer passt ganz hervorragend in diesen Smoothie und macht ihn sättigender, wenn Sie einen arbeitsreichen Tag vor sich haben.

ZUTATEN

1 Banane, gefroren
2 EL Haferflocken
½ TL Zimt
1 TL Ahornsirup
240 ml laktosefreie Milch oder Pflanzenmilch nach Wahl

ZUBEREITUNG

Alle Zutaten in einen Mixer füllen und auf hoher Stufe pürieren, bis ein geschmeidiger, cremiger Smoothie entsteht.

Sunshine-Smoothie

3–4 PORTIONEN

Wenn ich über all die Säfte nachdenke, die ich schon hergestellt habe, ist dieser hier mein Favorit. Stellen Sie ihn sich als virtuose Version Ihres klassischen Orangensafts vor, den Sie morgens aus der Packung trinken – mit entzündungshemmenden Eigenschaften dank Kurkuma, die Verdauung ankurbelnd wegen des Ingwers und das Immunsystem unterstützend durch die Karotten und Orangen.

ZUTATEN

6 große Karotten, geschält
2 große Orangen, geschält
2,5 cm langes Stück frischer Ingwer, geschält
½ TL Kurkuma

ZUBEREITUNG

Alle Zutaten außer der Kurkuma in einen Entsafter füllen. Den Saft in einen Krug gießen. Kurkuma unterrühren und gekühlt servieren.

Tipp

Wenn Sie keinen Entsafter haben, können Sie auch einen Mixer verwenden. Dann zerkleinern Sie Karotten, Orangen und Ingwer mit 240 ml stillem Mineralwasser und streichen die Masse danach durch ein feinmaschiges Sieb, um das Fruchtfleisch zu entfernen. (Mit etwas Geduld tut es auch ein Kaffeefilter.)

Sonntags-Entgiftungssaft

2 PORTIONEN

Nach einem betriebsamen Wochenende ist dieser Saft besonders toll. Er schmeckt erfrischend, enthält viel Flüssigkeit und gibt mir sofort das Gefühl, etwas lebendiger zu sein. Der Saft ist es wert, das Bett zu verlassen – wirklich.

ZUTATEN

1 Bio-Salatgurke, in grobe Würfel geschnitten
225 g Ananas, ohne Schale, in Spalten geschnitten
150 g Grünkohl
2,5 cm langes Stück frischer Ingwer, geschält
1 Zitrone, geschält und geviertelt

ZUBEREITUNG

Alle Zutaten in einen Entsafter füllen. Den Saft in vorgekühlte Gläser gießen und gekühlt servieren.

Wohltuender Ingwertee

1 PORTION

Ingwertee wirkt schweißtreibend, das heißt, er wärmt Sie von innen. Ich trinke diesen Tee gern literweise, wenn ich das Gefühl habe, dass sich eine Erkältung nähert. Und ich finde, er ist toll für die Verdauung, wenn ich gierig gewesen bin und zu viel gegessen habe oder unter lästigen Symptomen leide.

ZUTATEN

1 TL geriebener frischer Ingwer
1 EL Zitronensaft, 2 TL Ahornsirup
3–4 Minzeblätter
240 ml kochendes Wasser

ZUBEREITUNG

Alle Zutaten in eine Tasse oder einen kleinen Krug füllen, umrühren und 3 Minuten ziehen lassen, damit die Aromen sich mischen. Die Mischung abseihen oder so trinken und die Ingwerstückchen und Minzeblätter kauen.

Erdbeer-Hirse-Salat mit Hanf

Zucchininudeln mit Linsenchili

Baba Ghanoush

Buchweizenpizza mit Zitronen-Basilikum-Pesto und Ziegenkäse

Scharfe Garnelen-Pasta mit Zucchini

Salat mit Röstkürbis und Fetacreme

Gesunde und nährstoffreiche Gerichte für Mittag- und Abendessen

Leichte, köstliche Mittagessen und gesunde Mahlzeiten für abends nach der Arbeit waren zwei Dinge, mit denen ich am meisten zu kämpfen hatte, als ich mit der FODMAP-armen Diät begann. Obwohl ich morgens früh zu arbeiten anfing, gelang es mir, zu Hause schnell ein gesundes, FODMAP-freundliches Frühstück zu mir zu nehmen. Doch mittags hatte ich Hunger, und der Gang zum einzigen Supermarkt oder Café in der Nähe endete oft damit, dass ich ein Vermögen ausgab oder Mist aß, da die Auswahl wirklich sehr begrenzt war.

Ich lernte rasch, dass Vorbereitung alles ist und es darauf ankommt, dass ich mein Mittagessen jeden Tag selbst zubereite. Wenn Sie sich an einem Sonntag- oder Montagabend die Zeit nehmen, Ihre eigenen Mahlzeiten herzustellen, heißt das, dass Sie nach wie vor Pizza (Seite 90), Salat mit Röstkürbis und Fetacreme (Seite 96) und tolle Suppen (Seiten 84, 86 und 88) essen können und es Ihrem Darm trotzdem gut geht. Das wäre höchstwahrscheinlich nicht der Fall, wenn Sie die fertig erhältlichen, FODMAP-reichen Versionen dieser Speisen zu sich nähmen.

Über 75 Prozent der Rezepte in diesem Kapitel sind vegetarisch. Das war zwar keine Absicht, doch Gemüse statt Fleisch ab und zu zum Hauptbestandteil Ihrer Mahlzeit zu machen, kann nicht nur gesünder sein, sondern auch preiswerter und besser für die Umwelt. Eine meiner bevorzugten Gemüsekombinationen in diesem Buch ist das Quinoa-Taboulé mit Granatapfel (Seite 78) mit Baba Ghanoush (Seite 80). Beides ist ausgesprochen einfach zuzubereiten, und Sie können am Wochenende große Mengen für mehrere Mittagessen und schnelle Abendmahlzeiten der nächsten Tage herstellen. Die Vorbereitung im Voraus, damit Sie nicht unter der Woche Stunden in der Küche zubringen (sofern Sie das nicht wollen!), ist etwas, das ich Ihnen sehr empfehlen würde. Wenn Sie bei den Frühlingszwiebeln nur die grünen Teile verwenden, mit Knoblauch aromatisiertes Olivenöl anstelle von Knoblauchzehen und Erdnussbutter statt Tahin, sind beide Speisen FODMAP-arm, schmecken aber genauso gut wie das ursprüngliche Original.

Zwei der köstlichsten FODMAP-freundlichen und sehr aromatischen Currys finden Sie auf den Seiten 92 und 95 – Dal mit Tomaten, Kokosmilch und Kurkuma ist mein Wochentag-Abendessen mit Erfolgsgarantie und ebenso wie mein Cremiges grünes Kokoscurry auf Seite 95 von Natur aus vegan. Am besten genießen Sie es heiß mit einer Portion Naturreis.

Fisch- und Fleischesser müssen sich jedoch keine Sorgen machen: Nicht alle Rezepte sind vegan. Meine geliebten Garnelennudeln mit Zucchini und Chili von Seite 107 sind zum Beispiel sehr zu empfehlen; und auf Seite 108 finden Sie eine meiner neuen Entdeckungen: Hähnchen-Kartoffel-Päckchen mit Koriander und Limette. Dafür geben Sie einfach alle Zutaten zusammen in ein Päckchen, befördern es in den Backofen, und 20 Minuten später wartet ein genialer Genuss auf Sie.

Raffinierte Pastagerichte gefällig? Soba-Nudeln mit Lachs (Seite 102) sind unter der Woche ein perfektes, schnelles und leichtes Abendessen, während mein Bunter Salat mit Orangenfilets und Räuchermakrele (Seite 104) und Vegetarische Sushi-Röllchen (Seite 113) sich wunderbar vorbereiten lassen und sehr gut als Lunch zum Mitnehmen eignen.

Vielfalt ist insbesondere in der Beibehaltungsphase wichtig für Ihren Darm und die Gesundheit. Wenn Sie also ein paar neue Lieblingsgerichte für sich entdeckt haben, passen Sie diese an Ihre Unverträglichkeiten und Geschmacksvorlieben an. Und denken Sie immer daran, dass ein wenig Vorbereitung sehr hilfreich ist – auch wenn das voraussetzt, dass Sie ein paar Grundnahrungsmittel immer zu Hause haben sollten für den Fall, dass Sie nicht viel nachdenken, sondern einfach schnell ein FODMAP-freundliches Pfannengericht zusammenrühren möchten wie das Rezept auf Seite 98.

Erdbeer-Hirse-Salat mit Hanf

4 PORTIONEN

ZUTATEN

250 g Hirse
Saft und Schale von ½ Bio-Zitrone
25 g Mandelblättchen, geröstet
200 g Rucola
180 g Erdbeeren, in Scheiben geschnitten
1 kleines Bund Minze, fein gehackt
1 kleines Bund Basilikum, fein gehackt
3 EL Olivenöl
50 g Hanfsamen
Meersalz
schwarzer Pfeffer aus der Mühle

Dieser frische, sommerliche Salat setzt die oft unterschätzte Hirse mit saftigen Erdbeeren, saurer Zitrone und duftenden Kräutern in Szene. Die Mandelblättchen steuern eine knackige Konsistenz bei. Und als Alternative schmeckt auch Feta köstlich dazu.

ZUBEREITUNG

Die Hirse in einem mittelgroßen Topf auf mittlerer Stufe ungefähr 5 Minuten rösten. Sobald sie leicht goldbraun ist, 470 ml Wasser hinzufügen und zum Kochen bringen. Ungefähr 15 Minuten köcheln lassen, bis das Wasser verbraucht und die Hirse gar ist.

Die Hirse zugedeckt 10 Minuten nachquellen lassen. Mit einer Gabel auflockern und Zitronenschale sowie geröstete Mandelblättchen unterrühren.

Rucola zusammen mit Erdbeeren, Minze und Basilikum in eine Schüssel füllen. Alles gut miteinander mischen.

Hirse auf eine Platte oder in eine große Schüssel füllen und den Salat darauf verteilen. Mit Olivenöl und Zitronensaft beträufeln, nach Geschmack würzen und mit den Hanfsamen bestreuen.

Tipp

Um die Mandelblättchen zu rösten, erhitzen Sie sie einfach in einer beschichteten Pfanne und auf mittlerer Stufe einige Minuten, bis sie goldbraun werden. Dann sofort auf einen Teller geben, sonst verbrennen sie!

Zucchininudeln mit Linsenchili

4 PORTIONEN

ZUTATEN

2 EL Knoblauchöl oder Kokosöl
1 rote Chilischote, entkernt und fein gehackt
2 TL gemahlener Kreuzkümmel
1 TL geräuchertes Paprikapulver
1 TL getrockneter Oregano
2 Karotten, geschält und zerkleinert
2 rote Paprikaschoten, entkernt und zerkleinert
300 g Linsen aus der Dose, abgegossen und abgespült
400 g Pizzatomaten aus der Dose
250 ml Gemüsefond oder Wasser
4 mittelgroße Zucchini
Meersalz
schwarzer Pfeffer aus der Mühle

Chili erinnert mich an die Zeit, als ich noch jünger war und bei meiner Familie lebte. Meine Mutter hatte immer ein tolles Rezept im Ärmel. Den üblichen Knoblauch oder die Zwiebeln werden Sie in diesem tollen Linsenchili nicht vermissen. Es ist einfach, gesund, herzhaft und kann gut für eine große Gruppe oder ein nahrhaftes Abendessen unter der Woche vorbereitet werden.

ZUBEREITUNG

Das Öl in einem großen Topf erhitzen und die Hälfte des Chilis zusammen mit Kreuzkümmel, geräuchertem Paprikapulver und Oregano dazugeben. Ein paar Minuten anbraten, dann Karotten und Paprikaschoten hinzufügen und einige Minuten anbraten.

Linsen, Tomaten und Fond hinzufügen und alles bei kleiner Hitze 45 Minuten köcheln lassen, bis das Gemüse zart und die Flüssigkeit etwas eingekocht ist.

Die Zucchini waschen, putzen und zu Bandnudeln schneiden. In einem Topf in ca. 100 ml Salzwasser 2 Minuten dünsten. Auf vier Schalen aufteilen. Das Linsenchili vom Herd nehmen und nach Geschmack würzen. Über die Zucchininudeln löffeln und mit dem restlichen zerkleinerten Chili bestreuen.

Tipp

Das Chili lässt sich sehr gut einfrieren und ist toll als Vorrat, wenn Sie mal wenig Zeit haben und rasch eine nährstoffreiche, FODMAP-freundliche Mahlzeit brauchen. Verdoppeln Sie einfach die Zutatenmengen und bewahren Sie Reste in passenden Plastikdosen auf.

Quinoa-Taboulé mit Granatapfel

4–6 PORTIONEN

ZUTATEN

190 g Quinoa
Salz
1 große Bio-Salatgurke
3 Frühlingszwiebeln, nur der obere grüne Teil
1 Granatapfel
abgeriebene Schale und Saft von 1 Bio-Zitrone
1 kleines Bund Minze, fein gehackt
1 Bund Petersilie, fein gehackt
60 ml natives Olivenöl extra

Im Sommer ist dieses Gericht besonders beliebt. Das übliche Weizen-Couscous habe ich durch Quinoa ersetzt, die von Natur aus glutenfrei und FODMAP-arm ist. Wenn Sie lediglich den oberen, grünen Teil der Frühlingszwiebeln verwenden, erhalten Sie das Aroma ohne lästige Symptome, während Salatgurke gut für eine gesunde Verdauung ist.

ZUBEREITUNG

In einem Topf 235 ml Wasser zum Kochen bringen. Die Quinoa unter kaltem Wasser abspülen, bis das Wasser klar ist, dann mit ½ TL Salz in den Topf geben. Die Hitze auf niedrige Stufe reduzieren, einen Deckel auflegen und 15 Minuten köcheln lassen, bis die Quinoa gar ist. (Nicht zu lange kochen, damit sie nicht matschig wird.) Vom Herd nehmen, 10 Minuten ruhen lassen, dann mit einer Gabel auflockern. Zum Abkühlen beiseitestellen.

Inzwischen die Salatgurke waschen, putzen und würfeln. Das Zwiebelgrün waschen, trocken schütteln und in feine Ringe schneiden. Beides in eine große Schüssel geben.

Die abgekühlte Quinoa unterheben. Granatapfelkerne, Zitronenschale, Minze und Petersilie ebenfalls unterheben. Mit Zitronensaft und Olivenöl beträufeln, nach Geschmack würzen und servieren.

Baba Ghanoush (Auberginenpüree)

4 PORTIONEN

ZUTATEN

2 große Auberginen
2 EL Olivenöl
Saft von 1 Zitrone
2 EL Knoblauchöl
2 EL cremige Erdnussbutter
Meersalz
2 EL Koriander, fein gehackt
Pfeffer

Das könnte ich einfach so alles sofort aufessen! Diese Baba Ganoush ist cremig, köstlich und hat ein rauchiges Aroma. Sie enthält weder Knoblauch noch Tahin (das reich an Oligosacchariden ist), die in den meisten Varianten zu finden sind. Stattdessen bereite ich es mit Erdnussbutter und Knoblauchöl zu. Das Ergebnis ist mindestens genauso lecker – wenn nicht noch besser.

ZUBEREITUNG

Den Backofen auf 200 °C (Umluft: 180 °C, Gas: Stufe 3) vorheizen. Die Auberginen waschen, mehrfach mit einer Gabel einstechen, dann der Länge nach halbieren.

Die Schnittflächen mit dem Olivenöl bepinseln. Mit der Schnittfläche nach unten auf ein Backblech legen und etwa 35–40 Minuten backen, bis die Auberginen sehr weich sind. Aus dem Ofen holen und 15 Minuten abkühlen lassen.

Die Haut der Auberginen abziehen (das sollte sehr einfach möglich sein) und das weiche Fleisch in einen Mixer geben. Zitronensaft, Knoblauchöl, Erdnussbutter und ¼ TL Salz zufügen. Alles pürieren, bis die Masse eine cremige Konsistenz hat.

Etwa zwei Drittel des Korianders dazugeben und nochmals durchmixen. Mit Salz und Pfeffer abschmecken und mit dem restlichen Koriander bestreut servieren. Schmeckt köstlich zu Quinoa-Taboulé mit Granatapfel (Seite 78), Gemüsestiften oder glutenfreiem Fladenbrot.

Tipps

Für dieses Rezept können Sie die Auberginen auch gut auf einem Grill garen. Grillen Sie sie, bis die Haut runzelig und schwarz wird; dabei immer wieder wenden. Das Fruchtfleisch ist dann schrumpelig und weich.

Wer keinen Standmixer hat, kann das Auberginenmus auch mit dem Pürierstab in einer Schüssel oder einem hohen Gefäß zubereiten.

In einem verschlossenen Gefäß können Sie das Püree im Kühlschrank mehrere Tage aufbewahren.

Auberginen-Quinoa-Rollen

ERGIBT CA. 16 STÜCK

ZUTATEN

240 g Quinoa
2 EL Olivenöl
1 TL gemahlene Korianderkörner
½ TL Kurkuma
1 Karotte, geschält und gerieben
1 Handvoll Petersilie, fein gehackt
1 Handvoll Koriander, fein gehackt
100 g Feta
Saft und Schale von 1 Bio-Zitrone
2 große Auberginen

Tipps

Diese sommerlichen Rollen schmecken auch pur schon köstlich. Noch leckerer und obendrein dekorativer wird das Ganze, wenn sie von gegrillten Auberginenscheiben umgeben sind. Mit einer Grillpfanne gelingen die Auberginenscheiben zu jeder Jahreszeit. Im Sommer kann man sie aber auch wunderbar auf dem Holzkohlegrill zubereiten. Die Rollen eignen sich übrigens auch hervorragend kalt für ein Picknick oder ein Party-Büfett. Stecken Sie zum Mitnehmen je einen Cocktailspieß in die Mitte jeder Rolle, damit sie beim Transport nicht auseinanderfallen (direkt vor dem Essen entfernen Sie dann einfach die Spieße).

Die Füllung dieser Rollen besteht aus Quinoa, geriebener Karotte, Feta, frischen Kräutern und Zitrone. Sie ist auch alleine sehr lecker, schmeckt aber noch besser, wenn man sie in gegrillte Auberginenscheiben füllt. Die Röllchen schmecken warm, eignen sich kalt aber auch gut für ein Picknick. Damit sie beim Transport nicht auseinanderfallen, einfach einen Zahnstocher durch jedes Röllchen stecken und erst kurz vor dem Verzehr entfernen.

ZUBEREITUNG

Die Quinoa unter kaltem Wasser abspülen, bis das Wasser klar ist. Das Öl in einem großen Topf auf mittlerer Stufe erhitzen. Die Gewürze hinzufügen und etwa eine Minute anbraten, bis sie duften. Die Quinoa in den Topf füllen und eine Minute braten, bis ein leichtes Knacken zu hören ist.

Nun 600 ml kochendes Wasser dazugießen. Alles 10–15 Minuten köcheln lassen, bis das Wasser verbraucht ist und die Quinoakörner einen weißen »Heiligenschein« haben. Zugedeckt 10 Minuten abkühlen lassen.

Geriebene Karotte, Petersilie und Koriander unter die Quinoa rühren. Den Feta zerkrümeln und mit Zitronensaft und -schale hinzufügen. Beiseitestellen.

Die Auberginen waschen, putzen, der Länge nach in Streifen schneiden und auf eine Platte oder einen Teller legen. Eine Grillpfanne erhitzen. Auberginen mit Olivenöl bestreichen und portionsweise jeweils 1–3 Minuten braten oder grillen, bis sie weich und dunkel sind; dabei einmal wenden. Auf jede Auberginenscheibe etwas Quinoa-Füllung verteilen, aufrollen und genießen.

Karotten-Ingwer-Suppe

4–6 PORTIONEN

ZUTATEN

8 große Karotten
4 große Pastinaken
4 cm langes Stück frischer Ingwer
1 l Gemüsefond
1 TL Kurkuma
1 EL Paprikapulver
Meersalz
frisch gemahlener schwarzer Pfeffer
4 EL Kokosmilch
1 EL Apfelessig
Garnierung nach Wahl, z. B. Sonnenblumenkerne (maximal 4 EL, damit es FODMAP-freundlich bleibt)

Tipp

Diese Suppe lässt sich wirklich gut einfrieren, und ich habe sie sehr gern im Gefrierfach für jene Tage, an denen der Kühlschrank leer ist. Zum Einfrieren lassen Sie Essig und Kokosmilch weg und fügen beides erst hinzu, wenn Sie die Suppe wieder aufwärmen.

Dieses Rezept ist bei den Lesern meines Blogs besonders beliebt, und ich hoffe, Sie werden es auch lieben. Ich verspreche Ihnen, dass Sie Zwiebeln oder andere FODMAP-reiche Suppenzutaten wie Lauch nicht vermissen werden. Das grandiose Aroma liefert das Gemüse, die Kokosmilch, das Kurkuma und Paprikapulver. Ergänzen Sie diese cremige, nährstoffreiche und intensive Suppe nach Lust und Laune noch mit etwas Kokosmilch, gegarter Quinoa oder frischem Brot und machen Sie es sich gemütlich.

ZUBEREITUNG

Karotten, Pastinaken und Ingwer schälen und in kleine Stücke schneiden. Alles in einen großen Topf geben, Gemüsefond (oder kochendes Wasser) dazugießen.

Mit Kurkuma, Paprikapulver, Salz und Pfeffer würzen. Einen Deckel auflegen und alles 15–20 Minuten köcheln lassen, bis das Gemüse weich ist. Sobald alles gar ist, die Mischung ein wenig abkühlen lassen.

Alles in einen Mixer umfüllen, Kokosmilch und Apfelessig hinzufügen und cremig pürieren. Nach Geschmack noch mal kurz aufkochen, in Schalen füllen und servieren.

Rohkostsalat mit Orangen-Ingwer-Dressing

2–3 PORTIONEN

ZUTATEN

Für das Dressing:

1 große Karotte, geschält und zerkleinert
2 EL zerkleinerter frischer Ingwer
2 EL geröstetes Sesamöl
1 TL Tamari
1 EL Apfelessig
½ große Orange (geschält)
1 EL Rapsöl

Für den Salat:

½ Kopf Brokkoli
2 große Karotten
100 g Spinat
2 EL Sultaninen
2 EL Kürbiskerne

Mit Kopfsalat kann ich nicht besonders gut umgehen, aber ich mag stattdessen viele andere Zutaten – wie zum Beispiel Samen, Gemüse, Obst – mit kräftigem Aroma und toller Konsistenz. Dieses Salatrezept bietet beides in Hülle und Fülle. Das Dressing wurde durch einen Salat inspiriert, den ich vor ein paar Jahren mehrfach in Miami gegessen und zu Hause dann nachzumachen versucht habe.

ZUBEREITUNG

Für das Dressing die Karotte in ca. 50 ml Wasser dünsten, bis sie weich ist. Abkühlen lassen und mit den restlichen Zutaten in eine Küchenmaschine füllen. Pürieren, bis eine cremige Konsistenz entsteht. Abschmecken und gegebenenfalls nachwürzen.

Für den Salat den Brokkoli in kleine Röschen schneiden. Karotten waschen, putzen, schälen und reiben. Spinat verlesen, waschen und trocken schleudern.

Das vorbereitete Gemüse in einer großen Schüssel mit Sultaninen und Kürbiskernen mischen. Mit Dressing beträufeln und servieren.

Tipp

Wenn Sie das Dressing mögen: Bereiten Sie doch gleich eine größere Menge auf Vorrat zu! Es hält sich in einem Schraubglas im Kühlschrank bis zu 3 Tage.

Paprikaschotensuppe mit Basilikum

4–6 PORTIONEN

ZUTATEN

500 g Eiertomaten
3 große rote Paprikaschoten
2 große Pastinaken, geschält
3 EL mit Basilikum aromatisiertes Olivenöl
1 Bund griechisches Basilikum
1 l Gemüsefond
Salz
Pfeffer

Diese Suppe schmeckt auf eine gute Art und Weise fast wie Pizza. Griechisches Basilikum hat kleine, grüne, ovale, spitz zulaufende Blätter, die wunderbar aromatisch sind und zu Tomaten passen, ohne FODMAPs zu enthalten. Sie können auch normales Basilikum verwenden, aber die griechische Variante ist robuster und behält im Ofen eher ihr Aroma. Sie ist mit etwas Glück in großen Supermärkten bei den frischen Kräutern zu finden.

ZUBEREITUNG

Den Backofen auf 200 °C vorheizen (Umluft: 180 °C, Gas: Stufe 3). Eiertomaten waschen, putzen und halbieren. Paprikaschoten halbieren, entkernen, waschen und vierteln. Die Pastinaken putzen, waschen, schälen und in kleine Stücke schneiden.

Alle vorbereiteten Zutaten auf einem Backblech verteilen, mit dem aromatisierten Olivenöl beträufeln und mit einer Handvoll Basilikum bestreuen. 20 Minuten im vorgeheizten Backofen garen; dann alles einmal wenden und weitere 20 Minuten rösten.

Das geröstete Gemüse in einen großen Topf umfüllen, den Gemüsefond (oder kochendes Wasser) dazugießen. Alles bei niedriger Hitze 10 Minuten köcheln lassen.

Mit Salz und Pfeffer würzen, 2 Handvoll Basilikum hinzufügen und mit einem Stabmixer pürieren oder vorsichtig in einen Standmixer umfüllen und pürieren. Nach Geschmack nachwürzen und servieren.

Tipp

Ebenso wie Sie mit Knoblauch aromatisiertes Olivenöl kaufen können, ist auch mit Basilikum aromatisiertes Olivenöl in den meisten Supermärkten erhältlich. Es kostet nicht viel und ist eine weitere tolle Möglichkeit, Ihren FODMAP-armen Gerichten Aroma zu verleihen.

Grüne Bauchschmeichler-Suppe

4–6 PORTIONEN

ZUTATEN

3 mittelgroße Pastinaken
1 große, mehlig kochende Kartoffel
1 EL Butter oder Kokosöl
2 große Zucchini
1 l Gemüsefond
80 g Brunnenkresse
1 große Handvoll Koriander
1–2 EL Zitronensaft
Salz
Pfeffer

Diese herrlich milde Suppe besteht aus einfachen Zutaten und bekommt Pfiff durch Koriander und Zitrone. Sie bietet eine hervorragende Gelegenheit, um Reste zu verbrauchen: Ersetzen Sie das angegebene Gemüse im Zweifelsfall durch das, was Sie gerade zu Hause haben. Auch die Flüssigkeitsmenge können Sie nach Belieben anpassen, um eine dünnere oder dickere Suppe zu erhalten.

ZUBEREITUNG

Pastinaken und Kartoffel waschen, schälen und in kleine Stücke schneiden. Die Butter in einem großen Topf auf mittlerer Stufe schmelzen. Kartoffel und Pastinaken hinzugeben und 5 Minuten langsam braten.

Inzwischen Zucchini waschen, putzen und fein würfeln. Zusammen mit dem Fond oder heißem Wasser in den Topf geben. Wieder zum Kochen bringen und 15–20 Minuten köcheln lassen, bis das Gemüse weich ist.

Brunnenkresse und Koriander waschen, trocken schütteln und mit dem Zitronensaft zur Suppe geben.

Alles mit einem Stabmixer oder im Standmixer pürieren. Mit Salz und Pfeffer abschmecken; nach Geschmack mehr Zitrone oder Koriander hinzufügen.

Grünkohl mit Kokosmilch

2 PORTIONEN

ZUTATEN

200 g Grünkohl
1 EL Kokosöl
1 EL mit Knoblauch aromatisiertes Olivenöl
180 ml Gemüsefond
120 ml Kokosmilch
Meersalz
grob gemahlener schwarzer Pfeffer
1 EL geröstete Mandelblättchen

Das ist eine wunderbare Möglichkeit, den Rest einer Dose Kokosmilch zu verwenden. Dieses Grünkohlgericht schmeckt köstlich als Beilage, aber auch zu einer großen Schale Naturreis oder Buchweizen (Seite 44) als wirklich einfaches Abendessen unter der Woche.

ZUBEREITUNG

Grünkohl putzen, gründlich waschen und abtropfen lassen. Die Blätter in 1 cm breite Streifen schneiden.

Kokosöl und mit Olivenöl in einem mittelgroßen Topf erhitzen. Den Grünkohl hinzufügen und umrühren.

Gemüsefond oder dieselbe Menge Wasser zugießen, Deckel auflegen und den Grünkohl 5 Minuten garen, dabei gelegentlich umrühren.

Kokosmilch dazugießen und alles zugedeckt weitere 4–5 Minuten weiter köcheln lassen, bis der Grünkohl weich ist. Salzen, pfeffern und mit gerösteten Mandelblättchen bestreut servieren.

Buchweizenpizza mit Zitronen-Basilikum-Pesto und Ziegenkäse

ERGIBT 3 MITTELGROSSE PIZZEN

ZUTATEN

Für das Pesto:

4 große Handvoll frische Basilikumblätter
50 g Pinienkerne
50 g frisch geriebener Pecorino
1 TL Bio-Zitronenschale
1 EL frisch gepresster Zitronensaft
90 ml natives Olivenöl extra
1 EL mit Knoblauch aromatisiertes Olivenöl
Meersalz
frisch gemahlener schwarzer Pfeffer

Für den Boden:

125 g Buchweizenmehl
70 g Vollreismehl
1 EL getrocknete italienische Kräutermischung
½ TL Meersalz
½ TL schwarzer Pfeffer
1 Ei
1 TL Ahornsirup
180 ml Mandelmilch
3 EL Olivenöl

Für den Belag:

1 Zucchini, in dünne Scheiben gehobelt
4 große Handvoll frischer Spinat
125 g fester Ziegenkäse, in Scheiben geschnitten
30 g geriebener Pecorino

Die Konsistenz dieses Pizzabodens erinnert vor dem Backen an eine Art Backmischung, doch ich hoffe, Sie werden überrascht sein, wie köstlich er dann schmeckt. Niemand würde jemals die Zutaten erraten, die für diesen leckeren, glutenfreien Pizzaboden verwendet werden. Der dünne, würzige Kräuterteig wird mit Zitronen-Basilikum-Pesto bestrichen und dick mit Gemüse belegt.

ZUBEREITUNG

Den Backofen auf 180 °C (Umluft: 160 °C, Gas: Stufe 2–3) vorheizen und drei Backbleche mit jeweils 1 EL Olivenöl einfetten.

Zuerst das Pesto herstellen. Dafür Basilikum, Pinienkerne, Käse, Zitronenschale und -saft im Mixer pürieren, bis eine grobe Mischung entsteht. Olivenöl und Knoblauchöl hinzufügen und alles pürieren, bis eine cremige Paste entsteht. Mit Salz und Pfeffer würzen. Beiseitestellen.

Für den Pizzaboden die trockenen Zutaten in einer großen Schüssel vermischen. In die Mitte eine Mulde drücken, das Ei hineinschlagen und unterrühren. Ahornsirup und Milch langsam hinzufügen, alles verrühren. Den Teig löffelweise auf die vorbereiteten Backbleche verteilen und mit einem Teigschaber verstreichen, sodass eine runde oder rechteckige Form entsteht, die ungefähr 1 cm dick ist.

Ungefähr 10 Minuten backen, bis der Teig hell goldbraun ist. (Der Boden sollte gar, aber noch nicht knusprig sein.) Das Pesto auf den vorgebackenen Böden verstreichen (eventuell bleibt etwas davon übrig), dann mit Gemüse und Käse belegen. Jeweils 7–10 Minuten backen, bis der Boden an den Rändern goldbraun wird und der Käse geschmolzen ist.

Linsen-Dal mit Reis und Grünkohl

4 PORTIONEN

ZUTATEN

300 g Naturreis
1 EL Kokosöl
1 EL mit Knoblauch aromatisiertes Olivenöl
2 TL Kreuzkümmel
2 TL Kurkuma
1 TL gemahlene Korianderkörner
300 g grüne Linsen aus der Dose, abgegossen und abgespült
400 g Pizzatomaten aus der Dose
400 ml Kokosmilch
Meersalz
frisch gemahlener schwarzer Pfeffer
2 EL Korianderblätter, fein gehackt
140 g Grünkohl, zerkleinert

Diese Dal-Variante kommt bei mir häufig auf den Tisch, wenn fast keine Zutaten mehr da sind, die Geschäfte zu weit weg zu sein scheinen und ich am Wochenende zuvor zu viel Geld ausgegeben habe. Frische Kräuter und Gewürze verwandeln die einfachen Zutaten und machen aus einem recht bescheidenen Gericht eine tolle Mahlzeit.

ZUBEREITUNG

Zuerst den Reis gemäß Packungsanleitung in einem Topf auf mittlerer Stufe garen, bis er al dente ist. Der Reis braucht etwas genauso lang wie die Zubereitung des Dals. Den fertigen Reis abgießen und beiseitestellen.

Für den Dal Kokosöl und Knoblauchöl in einen großen Topf füllen und 1 Minute erhitzen. Dann die Gewürze hinzufügen und 1 weitere Minute anbraten, bis sie goldbraun sind.

Die abgespülten Linsen, Tomaten und Kokosmilch hinzufügen. Einen Deckel auflegen und alles etwa 20 Minuten köcheln und dabei leicht einkochen lassen. Öfter umrühren und eine kleine Menge Wasser hineingießen, wenn die Konsistenz dünner sein soll.

Dal vom Herd nehmen, mit Salz und Pfeffer sowie Koriandergrün würzen. Mit Reis und dem (direkt vor dem Servieren) leicht gedünsteten Grünkohl servieren.

Cremiges grünes Kokoscurry

4 PORTIONEN

ZUTATEN

1 EL Kokosöl
1 EL mit Knoblauch aromatisiertes Olivenöl
2,5 cm langes Stück frischer Ingwer, geschält und fein gehackt
1 TL Kurkuma
1 TL Kreuzkümmel
2 Kartoffeln, gewürfelt
500 g Brokkoli, in Röschen geschnitten
1 mittelgroße Zucchini, in kleine Stücke geschnitten
400 ml Kokosmilch
150 g Spinat
½ TL Chiliflocken
Saft von ½ Limette
frische Korianderblätter nach Belieben
1 kleine Handvoll Erdnüsse
200 g laktosefreier Naturjoghurt

Dies war das erste Curry, das ich nach Beginn der FODMAP-armen Diät zubereitet habe, und ich kann gar nicht beschreiben, wie zufrieden ich war, als es klappte. Ich aß die Reste am nächsten Morgen kalt zum Frühstück. Zwei Tage nacheinander. Mit seiner Basis aus Ingwer und Gewürzen, einer Menge frischen Gemüses und einer cremigen Soße aus Kokosmilch erfordert dieses Curry kaum Vorbereitungszeit. Sie können es auf der Herdplatte stehen lassen, während Sie andere Dinge erledigen. Wenn Sie 20 Minuten später zurückkommen, ist Ihre Mahlzeit voller nährstoffreicher Gemüsesorten fertig.

ZUBEREITUNG

Die beiden Ölsorten in einem großen Topf auf mittlerer Stufe erhitzen. Ingwer mit Kurkuma und Kreuzkümmel in den Topf geben. Unter Rühren 1 Minute braten, bis der Ingwer ein wenig weich geworden ist.

Kartoffeln dazugeben und 2–3 Minuten mitbraten. Etwas Wasser oder weiteres Öl hinzufügen, falls die Gewürze oder Kartoffelstücke am Boden festkleben.

Brokkoli, Zucchini, Kokosmilch und 400 ml Wasser hinzufügen. Etwa 20 Minuten garen, bis die Kartoffeln weich sind und die Flüssigkeit eine cremige Konsistenz hat.

Das Curry vom Herd nehmen. Spinat, Chiliflocken und Limettensaft unterrühren. Nochmals abschmecken. Mit Koriander und Erdnüssen bestreuen und mit Joghurt servieren.

Salat mit Röstkürbis und Fetacreme

4 PORTIONEN

ZUTATEN

800 g Kürbis nach Belieben, geschält und in Spalten geschnitten
2 EL Olivenöl
1 TL getrocknete Chiliflocken
Meersalz
grob gemahlener schwarzer Pfeffer
85 g Feta
2 EL Zitronensaft
125 g laktosefreier Naturjoghurt
1 TL getr. Oregano
400 g Rucola
75 g Mandelblättchen, geröstet
natives Olivenöl extra, zum Servieren (optional)

Tipp

Dieses Rezept können Sie nach Belieben durch glutenfreie Körner ergänzen. Außerdem ist es möglich, die Creme in einer Schüssel statt in einer Küchenmaschine zu rühren. Achten Sie jedoch darauf, alles wirklich kräftig zu verrühren.

Dieser Salat ist ein Traum. Süßliche, geröstete Kürbisspalten mit einer leichten, luftigen Fetacreme. Was gibt es Besseres?

ZUBEREITUNG

Den Backofen auf 200 °C vorheizen (Gas: Stufe 3) und zwei Backbleche mit Backpapier auslegen.

Den Kürbis in jeweils einer einzigen Lage auf den Backblechen verteilen und mit Öl beträufeln. Mit Chiliflocken bestreuen, salzen und pfeffern. Kürbis in 20–25 Minuten weich und leicht goldbraun backen. Aus dem Ofen nehmen und abkühlen lassen.

Feta grob würfeln. Mit 2–3 TL Zitronensaft, Joghurt und Oregano cremig pürieren. Mit Salz und Pfeffer abschmecken, in eine Schale füllen und zugedeckt kalt stellen.

Rucola verlesen, putzen, waschen und trocken schleudern. Auf vier Teller verteilen. Mit den gerösteten Kürbisspalten belegen, mit Fetacreme und Mandelblättchen garnieren. Nach Belieben mit ein wenig Olivenöl beträufeln.

Asia-Gemüsepfanne mit Ananas

2 PORTIONEN

ZUTATEN

170 g Reisnudeln
2 EL Tamari- oder Sojasoße
1 EL Ahornsirup
Saft von 1 Limette
2 EL geröstetes Sesamöl
1 rote Chilischote, entkernt und in dünne Streifen geschnitten
2 Karotten, geschält und gestiftelt
150 g Ananas, in kleine Stücke geschnitten
2 EL Sesam

Ein köstliches und einfaches Pfannengericht voller Aroma, das Ihnen gut bekommen wird. Wenn Sie ein Päckchen Reisnudeln in der Vorratskammer und eine Flasche Tamari im Kühlschrank haben, ist das schon die Grundlage, die Sie durch beliebiges Gemüse, Fisch oder Fleisch komplettieren – je nachdem, was Sie gerade zur Hand haben. Diese sättigende, schnelle Mahlzeit besteht aus guten Zutaten und liegt nicht schwer im Magen.

ZUBEREITUNG

Die Reisnudeln in eine große Schüssel geben und komplett mit kochendem Wasser bedecken. 2–3 Minuten ziehen lassen (nach Packungsanleitung). Dabei gelegentlich umrühren, damit die Nudeln nicht aneinanderkleben. Abgießen und beiseitestellen.

Tamari- oder Sojasoße, Ahornsirup und Limettensaft in einer kleinen Schale verrühren. Gegebenenfalls nachwürzen und beiseitestellen.

Einen Wok oder eine große Pfanne auf mittlerer bis hoher Stufe erhitzen. Sobald sie heiß ist, geröstetes Sesamöl, Chili, Karotten und Ananas hineingeben. 3–4 Minuten unter häufigem Rühren braten, bis das Gemüse gebräunt ist und die Ananas duftet und leicht klebrig wird.

Die Soße dazugießen und umrühren. Dann die abgetropften Nudeln untermischen und alles weitere 1–2 Minuten erhitzen. Mit dem Sesam bestreuen und servieren.

Paprikaschoten mit Ziegenkäsefüllung

6 PORTIONEN

ZUTATEN

6 rote Paprikaschoten
3 EL mit Knoblauch aromatisiertes Olivenöl
200 g fester Ziegenkäse, in 12 Scheiben geschnitten
Meersalz
frisch gemahlener schwarzer Pfeffer
½ Bund Basilikum

Das ist möglicherweise das einfachste Rezept des Buches, und ich weiß nicht mehr, wie oft dieses Gericht in unserer Familie schon auf den Tisch gekommen ist. Süß und saftig, cremig und reichhaltig, frisch und duftend – diese gefüllten Paprikaschoten sind alles auf einmal und finden als einfaches Abendessen ebenso großen Anklang wie beim Grillen oder auf Partys und zu vielen anderen Anlässen. Wählen Sie statt des Ziegenkäses nach Geschmack ruhig auch anderen FODMAP-freundlichen Käse und fügen Sie gekochte Körner hinzu, wenn die Mahlzeit sättigender sein soll.

ZUBEREITUNG

Den Backofen auf 200 °C vorheizen (Umluft: 180 °C, Gas: Stufe 3). Paprikaschoten halbieren, waschen und entkernen, dabei den Stiel aber nicht entfernen: So behält die Paprikaschote beim Garen besser ihre Form.

Die halbierten Paprikaschoten mit der Schnittseite nach oben auf ein Backblech legen. Jede Hälfte mit etwas Öl beträufeln und 30 Minuten rösten. Aus dem Backofen holen und je 2 Scheiben Käse in jede Hälfte legen.

Zurück in den Backofen schieben. Weitere 5 Minuten backen, bis der Käse leicht goldbraun ist und zu schmelzen beginnt. Salzen, pfeffern und mit Basilikumblättern garnieren.

Soba-Nudeln mit Lachs

2 PORTIONEN

ZUTATEN

180 g glutenfreie Soba-Nudeln (prüfen, ob alle Zutaten FODMAP-freundlich sind)
2 EL mit Knoblauch aromatisiertes Olivenöl
2 Lachsfilets
2 EL Tamari- oder Sojasoße
1 EL Ahornsirup
2 EL Reisweinessig
½ Kopf Brokkoli, in Röschen geschnitten
150 g grüne Bohnen, geputzt und grob gehackt
2,5 cm langes Stück frischer Ingwer, geschält und gerieben

Am besten schmeckt dieses Gericht mit dicken Nudeln und qualitativ hochwertigem Lachs. Es enthält nur eine Handvoll Zutaten, steckt aber voller Aroma und bietet aufgrund des Ahornsirups eine angenehme, leichte Süße. Wenn Sie keine glutenfreien Soba-Nudeln finden, können Sie stattdessen breite Reisnudeln verwenden.

ZUBEREITUNG

Die Nudeln nach Packungsanleitung kochen – das dauert voraussichtlich ungefähr 5–6 Minuten. Abgießen, mit kaltem Wasser abspülen und beiseitestellen.

Das Knoblauchöl in einer Pfanne auf mittlerer Stufe erhitzen. Darin die Lachsfilets 3–4 Minuten pro Seite braten, bis sie gar sind.

Währenddessen Tamari, Ahornsirup und Reisweinessig in einer kleinen Schale verquirlen und beiseitestellen.

Den Lachs aus der Pfanne nehmen. Brokkoli und grüne Bohnen hineingeben. Unter ständigem Rühren 3–4 Minuten braten, dann die Tamari-Mischung darübergießen und die Nudeln wieder hinzufügen. Umrühren und alles nochmals 1–2 Minuten erhitzen.

Die Nudeln auf zwei Schalen verteilen. Die Lachsfilets darauf anrichten, mit geriebenem Ingwer bestreuen und servieren.

Bunter Salat mit Orangenfilets und Räuchermakrele

2 PORTIONEN

ZUTATEN

2 große Bio-Orangen
½ kleine Fenchelknolle
4–5 Radieschen
1 Bio-Salatgurke
1 TL natives Olivenöl extra
1 EL Apfelessig
1 EL gehackter Dill
Salz
Pfeffer
2 große, geräucherte Makrelenfilets, in Stücke zerteilt

Diese klassische Salatkombination ist von Natur aus FODMAP-arm und einfach köstlich. Sie steckt wegen der geräucherten Makrele voller guter Fette und Omega-3-Fettsäuren, lädt zum Schwelgen ein und ist trotzdem sehr gesund. Ein klarer Favorit auf meinem Speiseplan!

ZUBEREITUNG

Die Orangen waschen, gut trocken tupfen und die Schale abreiben. Nun die Orangen ganz schälen, dabei die weiße Haut mit entfernen und das Fruchtfleisch mit einem scharfen Messer zwischen den Trennhäuten herausschneiden.

Fenchel und Radieschen waschen, putzen und in sehr dünne Scheiben schneiden. Beides in einer mittelgroßen Schüssel mit den Orangenfilets mischen.

Die Salatgurke heiß abwaschen, trocken reiben, putzen und mit einem Sparschäler der Länge nach in dünne Streifen schneiden. Mit den vorbereiteten Zutaten mischen.

Für das Dressing Olivenöl, Apfelessig und gehackten Dill in einer kleinen Schale verquirlen. Mit Salz und Pfeffer abschmecken.

Den Salat auf zwei Teller verteilen und mit je 1 Makrelenfilet belegen. Das Dressing darüberträufeln, die abgeriebene Orangenschale darüberstreuen und den Salat servieren.

Scharfe Garnelen-Pasta mit Zucchini

2 PORTIONEN

ZUTATEN

1 große Zucchini
Salz
180 g glutenfreie Linguine (prüfen, ob alle Zutaten FODMAP-freundlich sind)
2 EL mit Knoblauch aromatisiertes Olivenöl
200 g gegarte Garnelen
½ rote Chilischote, ohne Kerne und in feine Streifen geschnitten
abgeriebene Schale von ½ Bio-Zitrone
geriebener Parmesan, nach Belieben

Jedes Mal, wenn ich dieses Pastarezept zubereite, ist es innerhalb kürzester Zeit verputzt. Es kommen wirklich tolle, frische, einfache und nährstoffreiche Zutaten hinein, und es ist in lediglich 15 Minuten fertig. Kochen Sie so viele Nudeln, wie Sie möchten, und stellen Sie den Rest aus Zucchini her. Das Gericht schmeckt auch mit Krabbenfleisch statt Garnelen sehr gut.

ZUBEREITUNG

Die Zucchini waschen, putzen und spiralisieren oder mit einer Vierkantreibe in lange, dünne Streifen hobeln (Seite 45). In ein Sieb legen und mit etwas Salz bestreuen, um einen Teil der Flüssigkeit herauszuholen.

Währenddessen die Nudeln nach Anweisung auf der Packung in Salzwasser bissfest kochen. Abgießen und wieder in den Topf geben. (Es ist gut, wenn sich noch ein wenig Kochwasser darin befindet.)

Das Öl, Zucchini, Garnelen und Chili hinzufügen und alles auf kleiner Stufe erwärmen. Nach Geschmack würzen, mit Zitronenschale bestreuen und auf zwei Schalen verteilen. Nach Geschmack mit geriebenem Parmesan bestreut servieren.

Hähnchen-Kartoffel-Päckchen mit Koriander und Limette

2 PORTIONEN

ZUTATEN

Für die Soße:

2 EL Olivenöl

1 cm langes Stück frischer Ingwer, geschält und fein gehackt

2 EL Korianderblätter, fein gehackt (auch die Stängel sind essbar)

Saft von 1 Limette

¼ TL getrocknete Chiliflocken (optional)

½ TL Salz oder mehr nach Geschmack

Für die Päckchen:

6 kleine Frühkartoffeln, in dünne Scheiben geschnitten

2 Hähnchenbrüste, eingeschnitten

50 g grüne Bohnen, geputzt

½ rote Chilischote, in dünne Streifen geschnitten

Hähnchenfleisch kann trocken und langweilig sein. Doch ein FODMAP-freundliches Abendessen muss nicht zwangsläufig ohne Soße auskommen oder diese durch schlichte Mayonnaise ersetzen (so sehr ich sie auch mag). Auch Sie haben eine feine, aromatische Soße verdient, wie jeder andere. Für die Päckchen können Sie beliebiges Gemüse verwenden, und Sie stecken sie einfach in den Ofen, sobald Sie nach Hause kommen. 35 Minuten später ist ein leichtes, nährstoffreiches und köstliches Abendessen fertig – mit minimalem Abspülaufwand.

ZUBEREITUNG

Den Backofen auf 200 °C vorheizen (Umluft: 180 °C, Gas: Stufe 3) und zwei große Quadrate Backpapier zuschneiden. Für die Soße einfach alle Zutaten in einer Schüssel verrühren.

Die Kartoffeln in die Mitte der Backpapierquadrate legen und das Hähnchenfleisch darauf platzieren. Bohnen und Chili sowie die Soße darüber verteilen.

Zwei Seiten des Papiers über dem Gemüse zusammenschlagen, dann die anderen beiden Seiten darüber schließen, sodass ein schöner, kleiner Umschlag entsteht. Auf ein Backblech legen und 35 Minuten backen, bis das Hähnchenfleisch weiß und durchgegart ist. Im Backpapier servieren oder auf Tellern anrichten.

Nudeln mit Spinatpesto und Hähnchen

4 PORTIONEN

ZUTATEN

Für das Spinatpesto:

125 g junger Spinat, geputzt und gewaschen
4 EL Haselnüsse
35 g Parmesan, plus mehr zum Servieren
60 ml natives Olivenöl extra
2 EL Zitronensaft
Meersalz

Außerdem:

300 g glutenfreie Nudeln nach Wahl (prüfen, ob alle Zutaten FODMAP-freundlich sind)
2 Hähnchenbrüste, gegart

Wer kann bei einer Schüssel Pasta mit cremigem Pesto schon Nein sagen? In den letzten Jahren ist die Auswahl und Qualität weizen- und glutenfreier Nudeln deutlich besser geworden; wählen Sie also, was Sie haben möchten. Prüfen Sie aber in jedem Fall die Zutatenliste, damit Sie sicher sein können, dass die Nudeln FODMAP-arm sind. Das Pesto wird mit Spinat und einer kleinen Menge Haselnüsse anstelle von Pinienkernen gemacht, sodass es etwas preiswerter ist.

ZUBEREITUNG

Für das Pesto alle Zutaten außer dem Olivenöl in das Gefäß einer Küchenmaschine oder in den Mixer füllen und pürieren. Bei laufendem Gerät langsam das Olivenöl hineingießen und weiter pürieren, bis eine geschmeidige Masse entsteht.

Probieren und gegebenenfalls mit zusätzlichem Olivenöl, Zitronensaft und Meersalz abschmecken. Wenn das Pesto ein wenig verdünnt werden soll, weitere 1–2 EL Olivenöl oder Wasser hinzufügen.

Die Nudeln nach Packungsanleitung in reichlich kochendem Salzwasser 8–10 Minuten garen. Den Topf vom Herd nehmen und das Wasser abgießen, dabei eine Tasse des stärkehaltigen Kochwassers auffangen.

Die Nudeln wieder in den Topf geben, das Pesto hinzufügen und unterrühren. So viel von dem aufgefangenen Kochwasser hinzufügen, dass eine cremige, geschmeidige Konsistenz entsteht.

Die Hähnchenbrust in Streifen schneiden und unter die Nudeln heben. Auf Schalen verteilen und mit geriebenem Käse bestreut servieren.

Tipp

Wenn dieses Rezept vegan werden soll, ersetzen Sie das Hähnchenfleisch durch Gemüse und verwenden Nährhefe statt Parmesan.

Kartoffelsalat mit Pesto und grünen Bohnen

6 PORTIONEN ODER 8 ALS BEILAGE

ZUTATEN

Für das Pesto:

50 g Rucola
50 g Basilikum
50 g frisch geriebener Parmesan
3 EL Pinienkerne
Saft von ½ Zitrone
Salz
Pfeffer
60 ml Olivenöl

Außerdem:

750 g Pellkartoffeln, frisch gekocht oder vom Vortag
250 g grüne Bohnen, geputzt und grob zerkleinert

Dieser pikante Kartoffelsalat ist eine schlichte, aber trotzdem raffinierte Beilage, die geradezu nach einem sommerlichen Grillabend ruft. Kochen Sie einfach die Kartoffeln, rühren Sie das Pesto zusammen, mischen Sie beides miteinander – schon ist alles fertig.

ZUBEREITUNG

Für das Pesto Rucola, Basilikum, Parmesan, Pinienkerne, Salz und Zitronensaft im Mixer pürieren, bis eine einheitliche Mischung entsteht. Bei laufendem Gerät langsam das Olivenöl hineingießen und weiter pürieren, bis eine geschmeidige Masse entsteht.

Die Kartoffeln pellen und in Scheiben schneiden. Die Bohnen in Salzwasser 6–7 Minuten kochen, abgießen und warm zu den Kartoffeln geben. Das Pesto vorsichtig unterheben. Mit Salz und Pfeffer abschmecken und servieren.

Vegetarische Sushi-Röllchen

2 PORTIONEN

ZUTATEN

190 g Naturreis oder Sushireis
4 EL Weißweinessig
1 EL brauner Zucker
¼ TL Meersalz
4 getrocknete Noriblätter
1 Karotte, geschält und in dünne Streifen geschnitten
1 rote Chilischote, geputzt und in dünne Streifen geschnitten
1 Bio-Salatgurke, in dünne Streifen geschnitten
1 Handvoll Koriandergrün, fein gehackt
2 TL Tamari- oder Sojasoße

Vermutlich denken viele Menschen, dass es zeitaufwendig ist, Sushi selbst herzustellen. Das habe ich auch geglaubt, bis meine Schwester einmal an Ostern von der Uni nach Hause kam und Sushiröllchen zubereitete. Es stellte sich heraus, dass das gar nicht schwierig, sondern tatsächlich kinderleicht ist. Man braucht lediglich klebrigen Reis, ein oder zwei Noriblätter, etwas in dünne Scheiben geschnittenes, rohes Gemüse und ein wenig Weißweinessig, Zucker und Salz. Dieses Gericht ist gut geeignet, wenn Sie etwas Gesundes und leicht Verdauliches essen möchten, das satt macht und Energie liefert.

ZUBEREITUNG

Den Reis in einem feinmaschigen Sieb unter Wasser abspülen, bis das Wasser klar bleibt. Dann mit 240 ml Wasser in einem mittelgroßen Topf zum Kochen bringen. Die Hitze auf niedrige Stufe reduzieren, Deckel auflegen und etwa 15 Minuten garen, bis das Wasser ganz aufgenommen worden ist.

Währenddessen Essig, Zucker und Salz in einem kleinen Topf langsam erhitzen, bis Zucker und Salz sich aufgelöst haben; dabei gelegentlich umrühren. In eine Schale füllen und abkühlen lassen, bis der Reis gar ist. Die Essigmischung mit einem Pfannenwender aus Gummi oder einer Gabel unter den fertigen Reis rühren. (Nicht zu viel rühren: Der Reis sollte schließlich klebrig, aber ganz trocken sein.)

Ein Noriblatt auf eine flache Unterlage legen und eine dünne Schicht Reis darauf verteilen; dabei am oberen Rand 1 Zentimeter frei lassen. Das Gemüse und den Koriander darauf verteilen, sodass alles parallel zum unteren Rand, also waagerecht auf dem Noriblatt liegt und etwa ein Viertel der Reisfläche bedeckt.

Die Finger mit Wasser befeuchten, mit einer ruhigen Hand den Rand mit dem Gemüse fassen und nach vorne über das Noriblatt bis zum oberen Ende rollen. Die Finger befeuchten und das obere Ende des Noriblatts gut anfeuchten; dann das nasse Ende auf den Rest der Rolle drücken, sodass sie geschlossen wird.

Die Hände erneut leicht mit Wasser anfeuchten und über die ganze Norirolle streichen. (Dadurch lässt sie sich leichter schneiden.) Mit einem scharfen Messer in Stücke schneiden und dieselben Arbeitsschritte mit den restlichen Noriblättern, Reis, Gemüse und Koriander wiederholen. Mit Tamari- oder Sojasoße servieren.

Pikant-süßer Nudelsalat mit Erdnüssen

2 PORTIONEN

ZUTATEN
150 g glutenfreie Soba-Nudeln
Salz

Für die Soße:
3 EL Erdnussbutter, leicht erwärmt
2 EL Ahornsirup
2 EL Weißweinessig
1 EL Tamari- oder Sojasoße
½ TL mit Knoblauch aromatisiertes Olivenöl
1 TL geröstetes Sesamöl
½ TL geschälter und geriebener frischer Ingwer
60–120 ml laktosefreie Milch oder Pflanzenmilch

Außerdem:
2 Karotten, geschält und spiralisiert oder geraspelt
2 TL Sesam
1 EL Erdnüsse, gehackt
1 EL Koriandergrün, gehackt

Möchten Sie mal was anderes in Ihrer Lunchbox haben? Dieser Salat hat es in sich und schmeckt sehr gut kalt. Verwenden Sie beliebige Gemüsekombinationen; ich denke, Zucchini passt hier auch hervorragend.

ZUBEREITUNG

In einem großen Topf gesalzenes Wasser zum Kochen bringen. Die Nudeln hinzufügen und nach der Packungsanleitung ungefähr 5 Minuten kochen, bis sie gar sind. Abgießen, kalt abspülen, abtropfen lassen und beiseitestellen.

Für die Soße alle Zutaten bis auf die Milch in das Gefäß einer Küchenmaschine oder in einen Mixer geben und pürieren, bis eine einheitliche Masse entsteht. Zuletzt langsam die Milch hinzufügen, bis die gewünschte Konsistenz erreicht ist. Abschmecken und gegebenenfalls nachwürzen – möglicherweise ist etwas mehr Tamari oder Essig nötig.

Die Soße mit den abgekühlten Nudeln mischen. Karotten und Sesam unterheben. Zum Servieren mit Erdnüssen und Koriandergrün bestreuen.

Fünf FODMAP-freundliche Dressings

Ich stelle gern ein einfaches Dressing aus Olivenöl und Zitrone her. Doch diese fünf Dressings sind raffinierte Alternativen, wenn es mal etwas Ausgefalleneres sein soll.

Zitronen-Hanf-Dressing

ZUTATEN

50 g geschälte Hanfsamen
80 ml Zitronensaft
2 EL natives Olivenöl extra
2 TL Ahornsirup
1 TL abgeriebene Zitronenschale
1 Prise Meersalz
1 Prise frisch gemahlener schwarzer Pfeffer
1 kleine Handvoll Basilikum

ZUBEREITUNG

Alle Zutaten außer dem Basilikum mit 80 ml kaltem Wasser in einen leistungsstarken Mixer füllen und fein pürieren. (Eventuell zwischendurch ein paar Mal den Mixer anhalten und die Mischung von den Seiten nach unten schieben.)

Probieren und gegebenenfalls nachwürzen. Basilikum hinzufügen und noch einmal pürieren. In einem Schraubglas im Kühlschrank 4–5 Tage haltbar. Vor der Verwendung umrühren und gegebenenfalls mit etwas Wasser oder Zitronensaft verdünnen.

Cremiges Dressing »Grüne Göttin«

ZUTATEN

2 Handvoll Spinat
1 EL frischer Estragon, fein gehackt
½ Avocado
2 EL Apfelessig
120 ml laktosefreier Naturjoghurt oder Mayonnaise
Salz
frisch gemahlener Pfeffer

ZUBEREITUNG

Alle Zutaten in einen leistungsstarken Mixer füllen und fein pürieren. Probieren und gegebenenfalls nachwürzen. In einem luftdicht abschließenden Gefäß im Kühlschrank 1–2 Tage haltbar.

Tipp

Avocados sind köstlich, aber auch reich an FODMAPs. Achten Sie also darauf, nur maximal ein Viertel dieses Dressings pro Portion zu verwenden, damit es FODMAP-freundlich bleibt.

Apfelessig-Dressing

ZUTATEN

60 ml Apfelessig
80 ml natives Olivenöl extra
2 EL frischer Zitronensaft
1–2 EL Ahornsirup
1 TL Dijon-Senf (optional)
Salz
Pfeffer

ZUBEREITUNG

Alle Zutaten miteinander verquirlen, bis sie gut vermischt sind. Gegebenenfalls nach Geschmack nachwürzen.

Erdnussdressing

ZUTATEN

135 g gesalzene, cremige Erdnussbutter
2 EL Tamari- oder Sojasoße
3 EL Ahornsirup
Saft von 1 Limette

ZUBEREITUNG

Alle Zutaten verquirlen. Esslöffelweise sehr heißes Wasser nach und nach hinzufügen, bis die Mischung eine fließende Konsistenz hat. Probieren und gegebenenfalls nach Geschmack nachwürzen.

Cremiger Joghurt-Dip

ZUTATEN

80 g laktosefreier Naturjoghurt
2 EL Weißweinessig
1 EL natives Olivenöl extra
1 Prise Meersalz
1 Prise grob gemahlener schwarzer Pfeffer

ZUBEREITUNG

Alle Zutaten miteinander verquirlen, bis sie gut vermischt sind. Gegebenenfalls nach Geschmack nachwürzen.

Quinoa-Körner-Cracker und Karotten-Kreuzkümmel-Dip

Miso-Suppe

Geröstete Nori-Chips

Parmesan-Popcorn mit Pfeffer und Rosmarin und Tequila-Popcorn

Bananen-Haselnuss-Muffins

Gemüsechips aus dem Backofen

Für das Nachmittagstief

Alle versammeln sich um den Tisch und unterhalten sich, ein großes, duftendes Gericht aus dem Backofen wird aufgetischt. Es ist traumhaft, wenn man sich die Zeit nimmt, sich zusammenzusetzen und gemeinsam zu essen, doch ich muss zugeben, dass ich auch eine Schwäche für Snacks habe. Großartige, den Darm irritierende Snacks. Wir alle lieben sie (zumindest hoffe ich, dass es nicht nur mir so geht) – doch sie können sehr schlecht für uns sein. Und es ist egal, wie FODMAP-freundlich Ihr Frühstück, Ihr Mittagessen und Ihr Abendessen sind: Wenn Sie sich zwischendurch den Bauch mit FODMAP-reichen Leckereien vollschlagen, werden Sie wahrscheinlich unter den Folgen zu leiden haben.

Snacks sind zu einem wichtigen Bestandteil unseres täglichen Speiseplans geworden – und das ist vollkommen okay. Doch im Rahmen einer FODMAP-armen Ernährung wählen viele von uns immer noch Snacks wie Müsliriegel oder Smoothies, die häufig FODMAPs wie Honig enthalten, oder sehen sich gezwungen, auf naturbelassene Reiswaffeln und langweiliges Gemüse zurückzugreifen, da es uns schwerfällt, etwas Passendes zu finden.

Deshalb will ich Sie nicht nur mit genialen Rezepten für Frühstück, Mittag- und Abendessen versorgen, sondern Ihnen in diesem Kapitel auch zeigen, dass es super einfache, FODMAP-freundliche Snacks gibt, die gesund und mindestens genauso köstlich sind.

Meine Kernigen Bananen-Hafer-Happen (Seite 132) haben mich zu allen möglichen Tageszeiten über so manche Hungerphase hinweg gerettet. Ich kann sie als narrensicheren, anpassungsfähigen Snack nicht genug anpreisen: minimaler Aufwand, wenig Spülarbeit, eine Haltbarkeit von mehreren Tagen in einer luftdicht abgeschlossenen Dose … Sie können am Wochenende gleich eine größere Portion davon herstellen, damit Sie sie unter der Woche immer parat haben. Halten Sie sich an mein Rezept oder ergänzen Sie es durch zusätzliche Aromen nach Wahl; Himbeeren oder Heidelbeeren eignen sich besonders gut.

Ich bin übrigens ein ganz großer Fan von Chips, doch sie enthalten oft enorme Mengen an Fett; und ich kann problemlos eine ganze Tüte davon in mich hineinstopfen, ohne es auch nur zu bemerken. Selten finde ich andere FODMAP-arme Geschmacksrichtungen als einfach gesalzene Chips – und das kann ein wenig langweilig werden. Zwei deutlich gesündere Chipsvarianten sind die Gemüsechips aus dem Backofen auf Seite 120 und die gerösteten Nori-Chips (Seite 122), die beide voller Aroma stecken und im letzteren Fall einen zusätzlichen Pfiff haben.

Die Bananen-Haselnuss-Muffins (Seite 124) und Himbeer-Hanf-Riegel (Seite 127) sind zwei weitere leckere Alternativen, die perfekt für den Nachmittag geeignet sind und sich hervorragend mitnehmen lassen. Sie bieten eine Menge gesunder Fette und Ballaststoffe aus Zutaten wie Hafer; sie sind süß, aber nicht zu süß, und werden Ihnen helfen, Ihr Verlangen nach einem zuckrigen Snack zu stillen. Zugleich steigern sie Ihr Energieniveau, sodass Sie dann bis zum Abendessen durchhalten.

Miso ist dank seiner Vielseitigkeit und der Vorzüge für die Gesundheit eine Grundzutat in der japanischen Küche. Kochen Sie eine dampfende Schüssel Suppe (Seite 133) voller Umami-Aromen und passen Sie die Zutatenmengen an Ihr Hungerniveau an. Und wenn es größerer Überredungskunst bedarf, damit Sie Ihre eigenen, darmfreundlichen Snacks herstellen, kann ich Ihnen selbst gemachtes, köstliches Popcorn empfehlen: Es ist der perfekte Weg, um Hunger mit natürlichen Aromen wie Rosmarin und schwarzem Pfeffer (Seite 130) zu lindern. Mhmmm …

Gemüsechips aus dem Backofen

4–6 PORTIONEN

ZUTATEN

2–3 EL Olivenöl
1 TL Meersalz
3 große Karotten, geschält oder geschabt
3 große Pastinaken, geschält oder geschabt
1 Speiserübe, geschält oder geschabt

Halten Sie mich bitte nicht für verrückt, wenn Sie die drei großen Backbleche mit in Scheiben geschnittenem Gemüse vor sich haben: Diese werden sich in knusprige, salzige Happen verwandeln. Und da sie so gut schmecken, sind sie im Handumdrehen aufgegessen, weil Sie immer mehr davon haben wollen! Das Gemüse in Scheiben zu schneiden, nimmt ein wenig Zeit in Anspruch; doch bitten Sie eine Freundin dazu, legen Sie Musik auf und unterhalten Sie sich dabei – je mehr Hände beteiligt sind, desto leichter fällt die Arbeit.

ZUBEREITUNG

Den Backofen auf 150 °C (Umluft: 130 °C, Gas: Stufe 1–2) vorheizen und drei Backbleche mit Backpapier auslegen. Das Backpapier leicht einölen und etwas grobes Meersalz daraufstreuen. Mit einem Gemüsehobel oder einer Reibe Karotten, Pastinaken und Speiserübe der Länge nach in papierdünne Streifen schneiden. Das Gemüse in einer einzigen Schicht auf den Backblechen verteilen, mit etwas Öl bepinseln und ein wenig Meersalz darüberstreuen. 90 Minuten backen, bis die Chips knusprig sind.

Tipp

Wenn Sie sich ein zusätzliches Aroma wünschen, träufeln Sie 2 Esslöffel Ahornsirup über die Chips und fügen Sie eine ordentliche Prise grob gemahlenen schwarzen Pfeffer hinzu, oder streuen Sie eine Handvoll Fenchelsamen vor dem Backen über die Chips.

Geröstete Nori-Chips

ERGIBT 60 STÜCK

ZUTATEN

1 EL fein abgeriebene Bio-Orangenschale
2 TL grob gemahlener schwarzer Pfeffer
½–1 TL Chiliflocken, je nach gewünschter Schärfe
4 TL Sesam
10 getrocknete Noriblätter
2 EL Sesamöl

In der Pfanne trocknet das nährstoffreiche Meeresgemüse, erhält ein hübsches, schrumpeliges Aussehen und wird wunderbar knusprig. Bei diesen Chips macht nicht nur die Zubereitung Spaß – sie schmecken auch noch köstlich und sind eine klasse Alternative zu Kartoffelchips, wenn Sie etwas Gesundes mit viel Aroma knabbern möchten.

ZUBEREITUNG

Zwei Backbleche mit Backpapier auslegen. Für das Topping die abgeriebene Orangenschale ohne Fett in einer kleinen Pfanne 4–5 Minuten rösten, bis sie trocken und knusprig ist.

Orangenschale in einer kleinen Schale mit schwarzem Pfeffer, Chiliflocken und Sesam vermischen und beiseitestellen.

Jedes Noriblatt in Dreiecke oder Quadrate schneiden und alles in einer einzigen Schicht nebeneinander auf den Backblechen auslegen. Leicht mit Sesamöl einpinseln.

Eine große, beschichtete Pfanne auf mittlerer Stufe erhitzen und die Noriblätter darin portionsweise nacheinander jeweils ca. 2 Minuten pro Seite rösten. Wieder auf das Backblech legen und sofort mit der Chili-Orangen-Mischung bestreuen. Auf diese Weise alle Noriblätter verarbeiten.

Bananen-Haselnuss-Muffins

ERGIBT 12 STÜCK

ZUTATEN

60 g Haselnüsse
80 ml natives Olivenöl extra
120 ml Ahornsirup
2 Eier
250 g Bananen (ungefähr 2 ½ große Bananen)
60 ml laktosefreie Milch oder Pflanzenmilch nach Wahl
1 TL glutenfreies Backpulver
1 TL reiner Vanilleextrakt
½ TL Salz
½ TL Zimt
230 g glutenfreie Mehlmischung (Seite 45)
30 g Haferflocken
2–3 TL brauner Zucker zum Bestreuen

Süße, weiche Bananen werden hier mit knackigen Haselnüssen und aromatischem Olivenöl köstlich kombiniert. Diese Muffins sind süß, aber nicht zu sehr, und sie eignen sich ideal für einen Imbiss am Nachmittag. Da Sie überdies nur eine einzige Schüssel brauchen, um sie zuzubereiten, ist außerdem kaum Abwasch zu erledigen.

ZUBEREITUNG

Den Backofen auf 180 °C (Umluft: 160 °C, Gas: Stufe 2–3) vorheizen und die zwölf Mulden eines Muffinblechs mit Papierförmchen auslegen. Die Haselnüsse in einem Mörser grob zerkleinern und beiseitestellen.

Olivenöl und Ahornsirup in einer großen Schüssel verquirlen. Die Eier unterquirlen. Die Bananen zerdrücken und zusammen mit der Milch unter die Mischung rühren. Dann Backpulver, Vanilleextrakt, Salz und Zimt mit einem Holzlöffel unterrühren.

Das Mehl in eine weitere Schüssel sieben, Haferflocken und Haselnüsse untermischen. Den Mix unter die Eier-Bananen-Masse rühren.

Den Teig gleichmäßig auf die Papierförmchen verteilen und mit braunem Zucker bestreuen. 25–30 Minuten backen, bis ein Spieß, den man in einen Muffin steckt, sauber wieder herauskommt.

Die fertigen Muffins 2 Minuten in der Form abkühlen lassen, dann herausholen und auf einem Kuchengitter vollständig auskühlen lassen.

Tipp

Falls Sie keinen Mörser haben, geben Sie die Haselnüsse einfach in einen Frischhaltebeutel, verschließen diesen und klopfen vorsichtig mit einem Nudelholz, bis sie zerkleinert sind.

Himbeer-Hanf-Riegel

ERGIBT 10 STÜCK

ZUTATEN
375 g Haferflocken
50 g Hanfsamen
60 g laktosefreie Butter
60 g Kokosöl
60 g Ahornsirup
250 g Himbeeren
1 EL Hafermehl

Hanfsamen haben ein wunderbar nussiges Aroma, das gut zu den verschiedensten Backwaren passt und zugleich deren Gehalt an Eiweiß, Ballaststoffen und gesunden Fetten erhöht. Soweit ich weiß, sind sie noch nicht auf ihre Tauglichkeit im Rahmen einer FODMAP-armen Ernährung getestet worden. Doch nichts lässt vermuten, dass sie in kleinen Mengen nicht verträglich sein sollten. Hanfsamen sind in jedem gut sortierten Reformhaus, Bioladen oder im Internet erhältlich. Übrigens: Falls Sie Hanfsamen nicht mögen, schmecken diese Riegel auch ohne sehr lecker. Nehmen Sie dann einfach 50 g mehr Haferflocken.

ZUBEREITUNG

Den Backofen auf 180 °C (Umluft: 160 °C, Gas: Stufe 2–3) vorheizen und ein mittelgroßes Backblech mit Backpapier auslegen.

Die Haferflocken in der Küchenmaschine oder im Mixer zerkleinern, bis mindestens die Hälfte der Flocken eine sandartige Konsistenz hat. Dann zusammen mit den Hanfsamen in eine große Schüssel geben.

Butter, Kokosöl und Ahornsirup in einem Topf auf mittlerer Stufe unter Rühren schmelzen. Die gemischten trockenen Zutaten langsam hineinschütten und dabei alles gut verrühren.

Zwei Drittel der Mischung auf das Backblech löffeln und an den Rändern gut festdrücken. Idealerweise sollte der Teig mindestens 1 Zentimeter dick sein. Das Backblech in den Ofen schieben und 5–6 Minuten backen, bis der Teig leicht goldbraun geworden ist.

Inzwischen die Himbeeren in der Küchenmaschine oder im Mixer (die zuvor nicht gespült werden müssen) pürieren oder mit einer Gabel zerdrücken. Das Hafermehl hinzufügen und noch einmal pürieren.

Den Teigboden aus dem Backofen holen und die Himbeermischung darauf verstreichen. Das übrige Drittel der Hafermischung über die Himbeeren krümeln und leicht festdrücken. Für weitere 10 Minuten in den Backofen schieben, bis die Streusel oben goldbraun sind. Auskühlen lassen, dann in Riegel schneiden und bis zum Verzehr in einer gut schließenden Blechdose aufbewahren.

Karotten-Kreuzkümmel-Dip

Es kann etwas schwierig sein, einen leckeren, FODMAP-freundlichen Dip zu finden. Die meisten Rezepte oder fertig gekauften Varianten verwenden oft Bohnen oder Milchprodukte als Basis und sind deshalb nicht so ideal. Außerdem enthalten fast alle Zwiebeln und Knoblauch – doch dieses Rezept ist eine echte Alternative. Den entscheidenden Unterschied machen die einfachen Zutaten aus: Karotten und Olivenöl.

ZUTATEN

500 g Karotten, geschält und zerkleinert
100 g Kichererbsen aus der Dose, abgegossen und abgespült
3 EL Olivenöl
1 TL gemahlener Kreuzkümmel
Meersalz
frisch gemahlener schwarzer Pfeffer
1 EL mit Knoblauch aromatisiertes Olivenöl (optional)

ZUBEREITUNG

Die Karotten in einen großen Topf mit kochendem, gesalzenem Wasser geben. Etwa 20 Minuten garen, bis sie weich sind, und abgießen.

Karotten, Kichererbsen, Öl und Kreuzkümmel in eine Küchenmaschine oder in den Mixer füllen und fein pürieren. Nach Geschmack würzen und zum Servieren in eine Schale füllen. Nach Belieben mit Knoblauch aromatisiertes Olivenöl darüberträufeln.

Tipp

Kichererbsen haben einen mittleren Gehalt an FODMAPs. Achten Sie deshalb darauf, sich an die Portionsgröße zu halten und maximal ein Viertel dieses Dips pro Mahlzeit zu sich zu nehmen. Verwenden Sie Kichererbsen aus der Dose, die Sie abgießen und gründlich abspülen. Wenn Sie wissen, dass Sie Kichererbsen überhaupt nicht vertragen, lassen Sie diese einfach weg und reduzieren die Menge Olivenöl auf 2 Esslöffel. Auch so schmeckt der Dip noch köstlich.

Quinoa-Körner-Cracker

ERGIBT UNGEFÄHR 30 CRACKER

Ebenso wie Dips sind auch FODMAP-freundliche Cracker schwer zu finden oder besonders ungesund. Diese Cracker sind relativ einfach herzustellen und enthalten Quinoaflocken, die bekömmlich und den üblichen Crackervarianten in Sachen Gesundheit deutlich überlegen sind. Sie passen perfekt zum Karotten-Kreuzkümmel-Dip.

ZUTATEN

130 g Quinoaflocken
30 g Sonnenblumenkerne
½ TL Meersalz
1 EL Olivenöl
1 EL Ahornsirup
2 EL Sesam
2 EL Kümmel

ZUBEREITUNG

Den Backofen auf 180 °C (Umluft: 160 °C, Gas: Stufe 2–3) vorheizen. Alle trockenen Zutaten in die Küchenmaschine füllen und fein mahlen. Die Mischung in eine große Schüssel geben und beiseitestellen.

In einer kleinen Schale Olivenöl, Ahornsirup und 1 EL Wasser verquirlen. Die Mischung langsam zu den trockenen Zutaten gießen und dabei mit einem Holzlöffel rühren. Nach und nach weitere 6 EL Wasser esslöffelweise hinzufügen, bis ein dicker, knetbarer Teig entsteht (evtl. brauchen Sie noch 1–2 EL Wasser mehr).

Den Teig zu zwei Rechtecken formen (das muss nicht perfekt sein) und zwischen zwei Lagen Backpapier ausrollen, bis er ungefähr 3 Millimeter dick ist. Die obere Schicht Backpapier entfernen und das untere Backpapier samt Teig auf ein Backblech legen.

Den Teig mit einem Pizzaschneider in kleine Quadrate schneiden. Mit Sesam und Kümmel bestreuen und im vorgeheizten Backofen 12–15 Minuten backen, bis sie braun zu werden beginnen. (Achtung: Es kann sein, dass die außen liegenden Cracker schneller fertig sind.) Die Cracker auskühlen lassen und z.B. mit dem Karotten-Kreuzkümmel-Dip servieren.

Parmesan-Popcorn mit Pfeffer und Rosmarin

6 PORTIONEN ALS SNACK

Es macht unglaublich viel Spaß, sein eigenes Popcorn herzustellen – viel besser, als einfach einen Beutel gekauften Popcorns in die Mikrowelle zu legen. Duftende Zutaten und Gerichte können die Fantasie anregen, und jedes Mal, wenn ich dieses Popcorn esse, fühle ich mich wie an einem kühlen Herbstnachmittag nach einem Spaziergang vor dem Fernseher.

ZUTATEN

4 EL natives Olivenöl extra
3–4 TL gehackter frischer Rosmarin
2 EL laktosefreie Butter
180 g Popcornmais
50 g geriebener Parmesan
Meersalz
frisch gemahlener schwarzer Pfeffer

ZUBEREITUNG

In einer kleinen Schale Olivenöl und Rosmarin verrühren.

Die Butter in einem großen Topf mit schwerem Boden und Deckel auf mittlerer Stufe erhitzen. Die Maiskörner hineinfüllen und den Deckel auf den Topf setzen.

Den Topf leicht schwenken, damit die Körner sich gleichmäßig im Topf verteilen. Innerhalb weniger Minuten beginnen die Maiskörner zu platzen. Den Topf so lange auf dem Herd lassen, bis nur noch alle paar Sekunden ein Puffgeräusch zu hören ist.

Dann den Topf vom Herd nehmen und das Popcorn in eine große Schüssel füllen. Noch heiß gleichmäßig mit geriebenem Parmesan bestreuen und mit zwei Löffeln unterheben, sodass das Popcorn gleichmäßig davon bedeckt wird.

Zum Schluss das Rosmarin-Öl darüber träufeln, umrühren und großzügig mit Salz und Pfeffer würzen.

Tequila-Popcorn

6 PORTIONEN ALS SNACK

Mit etwas, das Tequila enthält, können Sie nicht viel falsch machen. Dieses Popcorn ist lustig, ausgefallen, und ich serviere es gerne am Anfang eines Abends mit Drinks oder als ungezwungenen Nachtisch nach dem Essen.

ZUTATEN

2 EL Kokosöl
180 g Popcornmais
50 g brauner Zucker
75 g Butter
1 TL Salz
1 ½ EL Tequila
abgeriebene Schale und Saft von ½ Bio-Limette
1 TL Paprikapulver

ZUBEREITUNG

Den Backofen auf 150 °C (Umluft: 130 °C, Gas: Stufe 1–2) vorheizen und zwei Backbleche mit Backpapier auslegen.

Kokosöl in einen großen Topf mit schwerem Boden und Deckel auf mittlerer Stufe erhitzen. Die Maiskörner hineinfüllen und den Deckel auf den Topf setzen. Den Topf leicht schwenken, damit die Körner sich gleichmäßig im Topf verteilen. Innerhalb weniger Minuten beginnen die Maiskörner zu platzen. Den Topf so lange auf dem Herd lassen, bis nur noch alle paar Sekunden ein Puffgeräusch zu hören ist.

Den Topf vom Herd nehmen und das Popcorn in eine große Schüssel füllen. Den Zucker mit Butter und Salz in einem großen Topf unter Rühren erhitzen, bis sich der Zucker vollständig aufgelöst hat.

Vom Herd nehmen und mit einem Holzlöffel Tequila, Limettensaft und -schale sowie Paprikapulver unterrühren. (Vorsicht: Die Mischung ist unglaublich heiß!) Den Sirup sofort über das Popcorn gießen. Mit zwei Löffeln unterheben, sodass das Popcorn gleichmäßig davon bedeckt wird.

Das Popcorn auf den Backblechen verteilen und im vorgeheizten Ofen etwa 40 Minuten backen, dabei gelegentlich umrühren und die Bleche nach der Hälfte der Backzeit vertauschen. Wenn das Popcorn goldbraun und fast trocken ist, aus dem Ofen holen und vor dem Servieren auskühlen lassen.

Tipp

Es dauert ein wenig, bis das Popcorn fertig ist, da es in den Backofen muss, doch die Vorbereitung selbst ist innerhalb weniger Minuten erledigt. Restliches Popcorn hält sich in einem luftdicht abschließenden Behältnis bis zu 3 Tage.

Kernige Bananen-Hafer-Happen

ERGIBT 8–10 STÜCK

ZUTATEN

1 EL Kokosöl
1 ½ Bananen
2 EL Erdnussbutter
3 EL Ahornsirup
2 EL laktosefreie Milch oder Pflanzenmilch nach Wahl
1 TL reiner Vanilleextrakt
180 g Haferflocken
4 EL Kürbiskerne
¼ TL Meersalz
½ TL Backnatron

Tipp

Wenn Sie möchten, können Sie die Kürbiskerne gegen andere passende Kerne oder Nüsse austauschen beziehungsweise stattdessen Bitterschokoladestückchen verwenden. Streichen Sie zusätzliche Erdnussbutter darauf, wählen Sie Bananenscheiben als Belag und legen Sie einen weiteren Happen darauf – und schon haben Sie ein verdammt gutes Sandwich …

Eine Tasse Tee und eine dieser Köstlichkeiten, zu jeder beliebigen Tageszeit – und schon sieht die Welt ganz anders aus, ganz bestimmt. Sie haben mich durch die Prüfungsphase an der Uni begleitet, als ich nächtelang lernen musste, Energie brauchte und nichts Ungesundes essen wollte. Ich habe sie schon immer in Notsituationen vorbereitet. Kernige Bananen-Hafer-Happen – ein echter Helfer in der Not, tagsüber ebenso wie in der Nacht.

ZUBEREITUNG

Den Backofen auf 180 °C (Umluft: 160 °C, Gas: Stufe 2–3) vorheizen. Ein Backblech mit Backpapier auslegen und leicht mit Kokosöl einfetten.

Die Bananen in einer großen Schüssel zerdrücken. Erdnussbutter, Ahornsirup, Milch und Vanille mit einem Holzlöffel gut unterrühren. Haferflocken, Kürbiskerne, Salz und Backnatron ebenfalls hinzufügen und alles gut verrühren.

Den Teig in kleinen Häufchen auf das Backblech setzen (etwa 2 EL der Mischung pro Happen). Mit der Rückseite des Löffels jedes Häufchen flachdrücken. 15–20 Minuten backen, bis sie goldbraun sind. Vor dem Verzehr leicht abkühlen lassen.

Reste halten sich in einem luftdicht abschließenden Behältnis bis zu drei Tage.

Miso-Suppe

2 PORTIONEN

ZUTATEN

2 Frühlingszwiebeln, nur der obere grüne Teil, in feine Streifen geschnitten
2 Handvoll Grünkohl, geraspelt
2 getrocknete Noriblätter, in Streifen geschnitten
1 EL Tamari
1–2 EL Miso-Paste

Miso-Suppe kann im Rahmen einer FODMAP-armen Diät eine tolle Alternative sein, da sie sehr aromatisch ist, ohne Knoblauch oder Zwiebeln zu enthalten. Miso-Paste wird zwar aus Sojabohnen gemacht (die normalerweise Oligosaccharide enthalten), ist aber fermentiert. Dadurch reduziert sich der FODMAP-Gehalt, sodass zwei Esslöffel der Paste pro Portion als FODMAP-arm gelten. Eine dampfende, aromatische Suppe ist wohltuend und gut für Ihre Gesundheit, insbesondere, wenn Sie sich angeschlagen fühlen.

ZUBEREITUNG

750 ml Wasser in einem großen Topf auf mittlerer Stufe zum Kochen bringen. Frühlingszwiebelgrün, Grünkohl, Noriblätter und Tamari hinzufügen.

Etwa 2 Minuten köcheln lassen, dann den Topf vom Herd nehmen und Miso-Paste einrühren. Probieren und eventuell vor dem Servieren noch ein wenig mehr Miso hinzufügen.

Tipp

Diese Suppe ergibt mit gekochten glutenfreien Soba- oder Reisnudeln und mit etwas gegrilltem Tofu oder Garnelen ein leichtes und leckeres Abendessen. Mhmmm.

Würzig-süßes Pulled Pork mit Limette

Quinoa-Feta-Grünkohl-Bratlinge mit buntem Krautsalat

Garnelen-Tortillas mit süß-scharfer Ananas-Salsa

Speck-Spinat-Quiche

Kabeljau vom Blech mit Advieh-Gemüse

Würzige Kartoffel- und Karottenspalten mit gesüßtem Joghurt-Dip

Für besondere Anlässe

Es gibt Tage, an denen man sich mehr Mühe geben möchte. Vielleicht haben Sie mehr Zeit, Ihnen steht der Sinn nach etwas Besonderem oder es kommen Freunde zu Besuch. Als Untermalung hören Sie Musik, Sie genießen ein kühles Getränk und sind bereit, für etwas Chaos in der Küche zu sorgen. Dann sind die Rezepte in diesem Kapitel genau das Richtige für Sie.

Von Buchweizenrisotto mit Macadamiacreme (Seite 142) bis hin zu würzig-süßem Pulled Pork mit Limette (Seite 166) – ich hoffe, diese Rezepte werden Ihnen das Selbstvertrauen geben, nicht nur für sich selbst, sondern auch für andere zu kochen.

Ob für zwei Personen – mit halbierter Zutatenmenge bieten sich für ein schönes Mahl am Freitagabend zum Beispiel Schellfischfrikadellen mit Knollensellerie und Kürbispüree (Seite 157) und cremige Polenta mit Mozzarella und Ofentomaten (Seite 139) an – oder für zwölf Esser – gegrillte, würzige Garnelen-Tortillas mit süß-scharfer Ananas-Salsa (Seite 162) sind unter freiem Himmel und in der Gruppe genossen noch viel leckerer: Kochen sollte Spaß machen und dafür sorgen, dass Sie sich gut fühlen.

Wenn Sie sich mehr Zeit für die Vorbereitung nehmen können, die Garzeit aber kurz sein soll, bieten sich meine glutenfreien Gnocchi (Seite 146) an. Ich verspreche Ihnen: Das Ausrollen des Teigs ist äußerst therapeutisch und das Ergebnis so lohnend, dass Sie nicht ein einziges Mal auf die Uhr schauen werden. Auch meine beiden Quiche-Rezepte (Seite 149 und 150) nehmen etwas mehr Zeit in Anspruch, eignen sich aber perfekt für ein Mittagessen mit Freunden oder Familie am Wochenende und Reste schmecken am nächsten Tag kalt sogar noch besser.

Ein paar klassische Speisen habe ich FODMAP-arm und gesünder adaptiert – zum Beispiel würzige Hackfleischbällchen mit Butternusskürbis-Spaghetti auf Seite 154, bei denen die übliche Pasta ersetzt wird, oder meine Leichte Lasagne (Seite 165). Sie lassen sich nicht nur wunderbar für größere Gruppen vorbereiten, sondern es handelt sich auch um unkomplizierte Speisen, die in einem einzigen Gefäß gemacht werden, sodass jeder sich ganz einfach selbst bedienen kann – einfach noch einen bunten Salat dazu, fertig!

Ich hatte immer Angst davor, ein FODMAP-freundliches Essen für andere zuzubereiten, und war überzeugt davon, dass es langweilig und fad schmecken würde. Doch schon bald lernte ich, wie wichtig die Übung ist, wenn man mit neuen Aromen experimentiert, um ohne Zwiebeln und Knoblauch auszukommen. Gehen Sie also in die Küche und legen Sie los!

Falls Sie beim ersten Mal unsicher sind, was Sie für andere kochen sollen: Kräftige Aromen, die immer gut ankommen, liefert zum Beispiel mein Kabeljau vom Blech mit Advieh-Gemüse (Seite 158) oder der Lachs mit Dukkah-Kruste, Meerfenchel und Knoblauch-Minze-Joghurt (Seite 152). Beides sind aromatische, abwechslungsreiche Speisen, und ich verspreche Ihnen, dass niemandem auffallen wird, dass er ein FODMAP-armes Gericht zu sich nimmt oder dass Zutaten fehlen, die reich an FODMAPs sind. Nehmen Sie das Wort »Knoblauch« in den Namen des Gerichts auf, und jeder wird begeistert sein: Meine Veganen Kürbis-Käse-Nudeln mit Knoblauch-Thymian-Streuseln (Seite 136) sind nicht nur sättigend und wunderbar cremig, sondern auch vegan, glutenfrei und FODMAP-arm.

Vegane Kürbis-Käse-Nudeln mit Knoblauch-Thymian-Streuseln

4 PORTIONEN

ZUTATEN

1 kleiner Gartenkürbis
300 g glutenfreie Nudeln (prüfen, ob alle Zutaten FODMAP-freundlich sind)
350 ml laktosefreie Milch oder Pflanzenmilch nach Wahl
3 EL laktose- oder milchfreie Butter
40 g Vollreismehl
2 TL Dijon-Senf
½ TL Kurkuma
½ TL Meersalz
½ TL schwarzer Pfeffer
30 g Nährhefe (oder 115 g geriebener Cheddar)
2 Scheiben glutenfreies Brot
1 EL mit Knoblauch aromatisiertes Olivenöl
1 TL frischer oder getrockneter Thymian

Manche sagen, die Liebe überwindet alles, aber ich bin mir ziemlich sicher, dass überbackene Makkaroni mit Käsesoße das noch besser können. Meine Variante ist cremig, wohltuend, perfekt für den Herbst geeignet und wird mit knusprigen Knoblauch-Thymian-Bröseln gekrönt. Während in anderen Rezepten häufig Butter und eine Menge Käse zum Einsatz kommen, wird hier nährstoffreicher Kürbis verwendet. Kurkuma rundet diese gesunde Version des Klassikers ab, die sich einen festen Patz auf Ihrem Speiseplan erobern wird.

ZUBEREITUNG

Den Backofen auf 200 °C (Umluft: 180 °C, Gas: Stufe 3) vorheizen. Den Kürbis halbieren, die Samen entfernen und beide Hälften mit der Schnittseite nach unten in eine Auflaufform legen. So viel Wasser hineingießen, dass der Kürbis 5 Millimeter hoch darin liegt – so trocknet er nicht aus und ist schneller gar.

Die Form in den Backofen stellen und den Kürbis 45–55 Minuten backen, bis er weich ist. Etwas abkühlen lassen, dann das Fleisch herauslöffeln. 250 g (1 Tasse) davon abmessen und beiseitestellen, den Rest in einer verschließbaren Dose für Salate oder Quiches im Kühlschrank aufbewahren.

In einem großen Topf 3 l Wasser zum Kochen bringen. Die Nudeln hineingeben und nach Packungsanleitung bissfest kochen. Abgießen und beiseitestellen.

In einem Mixer den abgemessenen Kürbis mit der Milch pürieren. In einem großen Topf die Butter schmelzen, dann das Mehl unterrühren. Senf, Kurkuma, Salz und Pfeffer hinzufügen und umrühren. 1 weitere Minute unter Rühren erhitzen.

Tipp

Außerhalb der Saison für Gartenkürbis können Sie stattdessen auch einen Butternusskürbis verwenden. Dessen FODMAP-Gehalt ist allerdings ein wenig höher, sodass Sie Ihre Portionsgrößen anpassen sollten. Falls Sie etwas grünes Gemüse ergänzen wollen, können Sie noch Spinat oder Grünkohl hinzufügen.

Die pürierte Kürbismischung unterrühren, bis alles gut vermischt ist. Unter häufigem Rühren 3–4 Minuten eindicken lassen. Vom Herd nehmen, Nährhefe (oder Käse) unterrühren. Nudeln und Soße in eine mittelgroße Auflaufform füllen.

In einer Küchenmaschine oder im Mixer die Brotscheiben fein zerkleinern und währenddessen das Öl und Thymian hinzufügen. Diese Mischung über die Nudeln streuen. Im Backofen bei derselben Temperatur 20–25 Minuten goldbraun backen.

Cremige Polenta mit Mozzarella und Ofentomaten

4 PORTIONEN

ZUTATEN

300 g Kirschtomaten
1 EL Olivenöl
Meersalz
frisch gemahlener schwarzer Pfeffer
1 kleines Bund Basilikum, in feine Streifen geschnitten
160 g Instant-Polenta
40 g geriebener Parmesan
2 EL laktosefreie Butter
250 g laktosefreier Mozzarella, abgetropft und in dünne Scheiben geschnitten

Seit ich zum ersten Mal Polenta gegessen habe, bin ich davon ein wenig besessen. Sie ergibt eine wunderbare Grundlage für FODMAP-arme Gerichte und nimmt jeden Geschmack an, den Sie ihr verleihen möchten. Polenta kann in Stücke geschnitten und gebraten oder in süßen Backwaren wie dem Rhabarber-Polenta-Kuchen auf Seite 204 verwendet werden. In diesem Rezept kommt sie jedoch cremig daher, mit Mozzarella und gebackenen Tomaten.

ZUBEREITUNG

Den Backofen auf 200 °C (Umluft: 180 °C, Gas: Stufe 3) vorheizen. Die Kirschtomaten gleichmäßig Schicht auf einem Backblech verteilen. Mit Olivenöl beträufeln; großzügig mit Pfeffer und Salz würzen. In den Ofen schieben und 10 Minuten rösten, bis die Tomaten zu glänzen und aufzuplatzen beginnen. Aus dem Backofen holen und mit Basilikum bestreuen.

In einem mittelgroßen Topf 700 ml Wasser zum Köcheln bringen. Langsam und unter Rühren die Polenta hineinstreuen. Großzügig salzen, pfeffern und weiterrühren, bis die Mischung nach wenigen Minuten eindickt. Den Topf vom Herd nehmen, Parmesan und Butter unterrühren und die Mischung auf Teller verteilen.

Mit Mozzarella, Tomaten und Basilikumblättern belegen und servieren.

Würzige Kartoffel- und Karottenspalten mit gesüßtem Joghurt-Dip

6 PORTIONEN

ZUTATEN
4 große Kartoffeln
4 große Karotten
1 EL Kokosöl, geschmolzen
2 EL mit Knoblauch aromatisiertes Olivenöl (oder mehr Kokosöl)
1 TL Senfkörner
½ TL Kreuzkümmel, gemahlen
½ TL Kurkuma, gemahlen
1 TL Chiliflocken
2 EL laktose- oder milchfreier Joghurt
1 TL Ahornsirup
ein paar Handvoll Koriandergrün, fein gehackt
Fruchtfleisch und Kerne von 1 Granatapfel

Dieses Rezept ist klasse, wenn Freunde zu Besuch kommen – einfach die Spalten auf einen Teller füllen, und jeder greift zu. Die vom Mittleren Osten inspirierten Aromen sind natürlich himmlisch. Am besten schmeckt's ganz frisch aus dem Ofen, aber auch kalt ist diese Kombination köstlich.

ZUBEREITUNG
Den Backofen auf 180 °C (Umluft: 160 °C, Gas: Stufe 2–3) vorheizen und ein Backblech mit Backpapier auslegen. Kartoffeln und Karotten in Spalten schneiden. Mit Kokosöl beträufeln und in einer einzigen Schicht auf ein Backblech legen. Etwa 40 Minuten im Ofen rösten, bis die Spalten goldbraun und knusprig sind.

Das mit Knoblauch aromatisierte Olivenöl in einer Pfanne auf hoher Stufe erhitzen. Sobald das Öl heiß ist, die ganzen Senfkörner darin etwa 1 Minute braten, bis sie zu zischen beginnen. Die Hitze auf mittlere Stufe reduzieren und die übrigen Gewürze hinzufügen. Weitere 3 Minuten braten, bis die Gewürze duften. Vom Herd nehmen.

Die Kartoffel- und Karottenspalten aus dem Backofen holen und in die Pfanne füllen. Die Pfanne schwenken, damit sich alles gut miteinander vermischt.

Joghurt und Ahornsirup in einer kleinen Schale verrühren. 1 Esslöffel Wasser hinzufügen, um die Mischung ein wenig zu verdünnen. Die Spalten auf einen Teller füllen, mit Koriander und Granatapfelkernen bestreuen und mit dem Joghurt servieren.

Buchweizenrisotto mit Macadamiacreme

4 PORTIONEN

ZUTATEN

Für die Macadamiacreme:

40 g Macadamianüsse, 5 Stunden oder über Nacht eingeweicht, abgetropft und abgespült
35 g Sonnenblumenkerne
½ TL Meersalz
1 EL Zitronensaft

Außerdem:

1 große Aubergine, in kleine Stücke geschnitten
2 EL mit Knoblauch aromatisiertes Öl
255 g Buchweizengrütze
80 ml trockener Weißwein
470 ml Gemüsefond (oder heißes Wasser)
150 g Frühkohl
Saft und Schale von 1 Bio-Zitrone
½ kleines Bund Petersilie, fein gehackt
geriebener Parmesan, zum Servieren (optional)

Pilzrisotto habe ich früher besonders gern gegessen, und die Auberginen sind hier ein hervorragender Ersatz, der eine sehr ähnliche Konsistenz hat. Warmend und sättigend, einfach klasse. Die Buchweizengrütze braucht zum Garen im Vergleich zu üblichem Risottoreis nur ein Drittel der Zeit, sodass Sie sich weniger lang in der Küche aufhalten müssen. Die cremige Beschaffenheit verdankt dieses Risotto nicht Butter, sondern Macadamianüssen, die eine andere Konsistenz liefern und wunderbar gehaltvoll sind.

ZUBEREITUNG

Für die Macadamiacreme alle Zutaten außer dem Wasser in einer Küchenmaschine oder im Mixer pürieren. Bei laufendem Gerät nach und nach 160 ml Wasser zugießen, bis eine cremige Konsistenz entstanden ist. Beiseitestellen.

Das Öl in einem Topf auf mittlerer Stufe erhitzen. Die Aubergine darin etwa 10 Minuten braten, bis sie weich ist und beginnt, braun zu werden. Die Buchweizengrütze zufügen und 1–2 Minuten rösten, dabei die Pfanne leicht schwenken.

Den Wein dazugießen, umrühren und alles köcheln lassen, bis die Flüssigkeit komplett aufgenommen worden ist. Den Gemüsefond nach und nach hinzufügen, während die Mischung leise köchelt. Immer wenn der Buchweizen die Flüssigkeit aufgenommen hat, wieder etwas nachgießen, bis der gesamte Fond aufgebraucht und vollkommen vom Buchweizen aufgesaugt worden ist.

Der Buchweizen sollte nun weich, aber nicht matschig sein. Frühkohl und Zitronensaft hinzufügen und einige weitere Minuten garen. Den Topf vom Herd nehmen und die Macadamiacreme unterrühren.

Mit Pfeffer und evtl. Salz abschmecken. Auf Schalen verteilen, mit Petersilie und Zitronenschale bestreuen und servieren. Nach Belieben geriebenen Parmesan dazu reichen.

Quinoa-Feta-Grünkohl-Bratlinge mit buntem Krautsalat

4 PORTIONEN

ZUTATEN

Für die Bratlinge:

1 kleine Zucchini
150 g Quinoa
3 Eier
2 große Handvoll geraspelter Grünkohl (ungefähr 35 g)
1 kleines Bund Petersilie, fein gehackt
35 g glutenfreie Brotkrümel, vom Vortag
120 g Feta, zerkrümelt
75 g geriebener Parmesan
1 EL mit Knoblauch aromatisiertes Öl
Meersalz
grob gemahlener schwarzer Pfeffer
2 TL abgeriebene Bio-Zitronenschale
60 ml Olivenöl

Für den Krautsalat:

½ Rotkohl, geraspelt
2 große Karotten, geraspelt
3 EL Minzeblätter, fein gehackt
1 EL Olivenöl
1 TL Sesamöl
2 EL Apfelessig
1 EL Ahornsirup
1 Prise Salz

Diese Bratlinge sind reich an Eiweiß, schmecken hinreißend und übertrafen all meine Erwartungen. Wenn Sie sie warm in glutenfreie Wraps eingehüllt, mit einem Berg knackigem Krautsalat und einem Klecks cremigem Joghurt mit frischen Kräutern servieren, können Sie sich über eine tolle vegetarische Hauptmahlzeit freuen. Zugegeben, die Bratlinge sind etwas aufwendig. Aber Sie können die Mischung für die Bratlinge und den Krautsalat im Voraus zubereiten und im Kühlschrank aufbewahren.

ZUBEREITUNG

Die Zucchini waschen, reiben und mit dem Salz in ein Sieb geben. Über eine Schale hängen und 30 Minuten ruhen lassen.

Inzwischen Quinoa unter kaltem Wasser abspülen, bis das Wasser klar bleibt. In einem mittelgroßen Topf auf mittlerer Stufe 1–2 Minuten leicht anrösten. 300 ml Wasser dazugießen und zum Kochen bringen.

Die Hitze auf niedrige Stufe reduzieren, einen Deckel auflegen und 15 Minuten kochen. Vom Herd nehmen und 10 Minuten stehen lassen. Quinoa mit einer Gabel auflockern und zum Auskühlen auf einem Teller oder einer Platte verteilen.

Währenddessen Kohl, Karotten und Minze in eine kleine Schale füllen. In einer separaten kleinen Schale das Dressing durch Verrühren aller restlichen Zutaten vorbereiten. Über die Kohl-Mischung gießen und alles gut durchmischen. Beiseitestellen.

Die Zucchiniraspel in einem Küchentuch ausdrücken, um überschüssige Flüssigkeit zu entfernen. Dann mit Quinoa, Eiern, Grünkohl, Petersilie, Brotkrümeln, Feta, Parmesan, Knoblauchöl und Zitronenschale in einer großen Schüssel verrühren. Salzen, pfeffern, abdecken und 1 Stunde kalt stellen.

Den Backofen auf 150 °C (Umluft: 130 °C, Gas: Stufe 1–2) vorheizen und ein Backblech mit Backpapier auslegen.

Jeweils eine kleine Handvoll der Zucchini-Mischung zu einem Bratling formen (von der Größe leicht abgeflachter Golfbälle).

Die Hälfte des Olivenöls in einer großen Pfanne auf mittlerer Stufe erhitzen. Die Bratlinge darin von jeder Seite 3–5 Minuten braten, bis sie goldbraun und gar sind. Vorsichtig wenden, da die Bratlinge leicht auseinanderfallen können. Die fertigen Bratlinge auf das Backblech legen und im Backofen warm halten, während die übrigen Bratlinge im restlichen Öl gebraten werden. Mit dem bunten Krautsalat servieren.

Gnocchi mit Butter und knusprigem Salbei

4 PORTIONEN

ZUTATEN

2 mittelgroße mehlig kochende Kartoffeln
Salz
150 g glutenfreie Mehlmischung (Seite 45)
1 Ei
Saft und abgeriebene Schale von 1 Bio-Zitrone
½ Muskatnuss, gerieben
Meersalz
frisch gemahlener schwarzer Pfeffer
20 g Butter
1 kleines Bund Salbei
40 g Parmesan
1 EL Olivenöl

Gnocchi zählen zu meinen Lieblingsgerichten, und es gibt nichts, was ich daran auszusetzen fände. Es muss nicht schwierig oder zeitaufwendig sein, Gnocchi selber zu machen – das werden Sie bei diesem Rezept hoffentlich auch feststellen. Butterige, gehaltvolle, köstliche kleine Dinger. Guten Appetit!

ZUBEREITUNG

In einem großen Topf Salzwasser zum Kochen bringen. Die Kartoffeln darin ungefähr 15 Minuten weich kochen. Die Kartoffeln herausholen, das Wasser im Topf lassen. Kartoffeln abkühlen lassen, dann schälen.

Das Ei in eine Schüssel schlagen und verquirlen. Die Kartoffeln dazureiben. Mehl, Zitronenschale und geriebene Muskatnuss zufügen und alles mit den Händen zu einem feinen Teig verkneten.

Den Teig vierteln und jeweils zu einer Rolle mit ca. 2,5 cm Durchmesser formen. Von den Rollen jeweils etwa 2 cm dicke Scheiben abschneiden und deren Enden leicht zusammendrücken, um eine abgerundete Form herzustellen. Jedes der Stücke auf der Oberseite mit einer Gabel eindrücken.

Das Wasser im Topf erneut zum Kochen bringen. Die Gnocchi hinein geben und 2 Minuten garen, bis sie beginnen, an die Oberfläche zu steigen. Vom Herd nehmen.

Die Butter in einer Pfanne auf niedriger Stufe schmelzen. Die Salbeiblätter darin ein paar Minuten knusprig braten – aber Vorsicht, dass sie nicht anbrennen. Die Gnocchi vorsichtig mit einem Schaumlöffel aus dem Topf heben, in die Pfanne geben und schwenken, damit sich alles mischt.

Den größten Teil des Käses darüberreiben und die Pfanne erneut schwenken. Die Gnocchi auf 4 Teller verteilen und mit dem restlichen geriebenen Parmesan bestreuen. Mit Olivenöl und Zitronensaft beträufeln, die knusprigen Salbeiblätter darüberstreuen und sofort servieren.

Tipp

Wenn Sie die Salbeibuttermischung durch eines der Pestorezepte in diesem Buch ersetzen, erhalten Sie eine köstliche, frische Alternative. Sie können auch 160 g gegarte Speckstreifen unter die Salbeibutter rühren, wenn das Gericht etwas üppiger und schön salzig werden soll.

Buchweizenquiche mit Spinat, Feta und Butternusskürbis

10 PORTIONEN

ZUTATEN

Für den Teig:

2 TL laktosefreie Butter
125 g Buchweizenmehl
½ TL Meersalz
60 g Kokosöl, sehr kalt, oder laktosefreie Butter
3 EL Wasser

Für die Füllung:

4 Eier
250 g gebackener Butternusskürbis, geschält und zerkleinert
100 g Feta
120 ml laktosefreie Milch oder Pflanzenmilch
3 EL Vollreismehl
½ TL glutenfreies Backpulver
½ TL getrocknetes Basilikum
½ TL Salz
1 kleine Handvoll gehacktes Basilikum
¼ TL schwarzer Pfeffer
2 große Handvoll Spinat

Dank Butternusskürbis und salzigem Feta ist das eine leichtere, aber unglaublich aromatische und kräftige vegetarische Quiche. Durch das Buchweizenmehl kann der Boden etwas krümeliger sein, doch dafür ist die Konsistenz einfach toll.

ZUBEREITUNG

Den Backofen auf 180 °C (Umluft: 160 °C, Gas: Stufe 2–3) vorheizen und eine Springform mit 26 cm Durchmesser mit der Butter einfetten. Für den Boden Mehl und Salz in einer Schüssel mischen. Mit einer Gabel Kokosöl fein zerkleinern und zum Mehl geben. 3 EL Wasser esslöffelweise dazugeben und alles rasch zu einem glatten Teig vermischen. (Sollte er zu trocken sein, noch einen weiteren Esslöffel Wasser hinzufügen.)

Den Teig zu einer Kugel formen, dann vorsichtig mit einem Nudelholz zu einem Kreis ausrollen und die Springform damit auslegen, sodass Boden und Rand mit Teig bedeckt sind. Den Boden mit einer Gabel mehrfach einstechen, dann 10 Minuten backen.

Inzwischen alle Zutaten für die Füllung verrühren. Die Mischung in die Springform auf den vorgebackenen Boden gießen. Wieder in den Ofen schieben und weitere 40–45 Minuten backen, bis die Masse fest wird und nicht mehr schwappt, wenn die Springform bewegt wird. Vor dem Servieren ein paar Minuten abkühlen lassen. Heiß oder kalt genießen.

Speck-Spinat-Quiche

10 PORTIONEN

ZUTATEN

Für den Teig:

Kokosöl zum Fetten der Form
3 große Kartoffeln
1 Ei
1 TL getrocknetes Basilikum
Meersalz
grob gemahlener schwarzer Pfeffer

Für die Füllung:

4 Scheiben Bacon
120 ml laktosefreie Milch oder Pflanzenmilch nach Wahl
4 Eier
3 EL Vollreismehl
½ TL Backpulver
½ TL getrocknetes Basilikum
½ TL Salz
1 kleine Handvoll gehacktes Basilikum
¼ TL schwarzer Pfeffer
2 große Handvoll Spinat

Spinat und Speck sind eine klassische Quiche-Kombination. Allerdings habe ich mein Rezept etwas leichter gestaltet, indem ich übliche Zutaten wie Sahne und Käse durch zusätzliche Eier und ein wenig Milch ersetzt habe. Statt des typischen Bodens verwende ich dafür einen Teig auf der Basis von knusprigen Kartoffeln. Diese Quiche schmeckt übrigens auch zum Brunch am nächsten Tag gut.

ZUBEREITUNG

Den Backofen auf 180 °C (Umluft: 160 °C, Gas: Stufe 2–3) vorheizen und eine Springform mit 26 cm Durchmesser leicht mit Kokosöl einfetten. Die Kartoffeln auf ein sauberes Geschirrtuch reiben. So viel Flüssigkeit wie möglich ausdrücken – das ist wichtig!

In einer großen Schüssel die Kartoffelraspel gut mit Ei, Basilikum, Salz und Pfeffer mischen. In die gefettete Springform füllen, dabei einen kleinen Rand hochziehen. An Boden und Rand festdrücken und mit einer Gabel einige Male einstechen. Im vorgeheizten Ofen 20 Minuten goldbraun und leicht knusprig backen.

Inzwischen den Speck einige Minuten leicht knusprig braten. Etwas abkühlen lassen, in Stücke brechen und mit allen übrigen Zutaten für die Füllung verrühren.

Die Füllung auf den vorgebackenen Boden gießen. Weitere 40–45 Minuten backen, bis die Füllung in der Mitte gestockt ist. (Wenn die Springform bewegt wird, sollte sich die Mitte nur ganz leicht bewegen.) Vor dem Servieren ein paar Minuten abkühlen lassen und heiß oder kalt genießen.

Lachs mit Dukkah-Kruste, Meerfenchel und Knoblauch-Minze-Joghurt

2 PORTIONEN

ZUTATEN

Für die Dukkah-Mischung:

4 EL Haselnüsse
4 EL Sesam
2 EL Korianderkörner
1 EL Kreuzkümmel
1 TL Fenchelsamen
1½ TL schwarze Pfefferkörner
½ TL feines Meersalz

Für den Lachs:

2 Lachsfilets
1 TL Olivenöl
70 g Meerfenchel

Für den Knoblauch-Minze-Joghurt:

240 ml laktose- oder milchfreier Joghurt
1 EL mit Knoblauch aromatisiertes Olivenöl
1 EL fein abgeriebene Bio-Zitronenschale
2 EL Minze, fein gehackt
1 EL Zitronensaft

Wie bereits erwähnt, ist eine Prise Dukkah eine tolle Möglichkeit, jedem Gericht sofort zusätzliches Aroma zu verleihen. Hier habe ich die Gewürzmischung verwendet, um zwei köstliche Lachsfilets noch zusätzlich aufzupeppen. Der wärmende, aromatische Mix in Kombination mit dem kühlenden Minzejoghurt ist einfach fantastisch, und der Meerfenchel rundet alles ab, sodass insgesamt ein besonders raffiniertes Gericht entsteht.

ZUBEREITUNG

Den Backofen auf 180 °C (Umluft: 160 °C, Gas: Stufe 2–3) vorheizen. Für die Dukkah-Mischung alle Zutaten zusammen in einem Mörser zerstoßen oder in einem Blitzhacker zerkleinern.

Die Lachsfilets auf ein Backblech legen und mit dem Olivenöl einreiben. 1 EL Dukkah auf jedes Lachsfilet geben und leicht andrücken. 20 Minuten backen, bis der Fisch goldfarben und gar ist.

Währenddessen die Zutaten für den Knoblauch-Minze-Joghurt in einer kleinen Schale verrühren. Den Meerfenchel 2–3 Minuten im Bratfett vom Lachs leicht anbraten. Mit dem Lachs und dem Knoblauch-Minze-Joghurt servieren.

Tipp

Meerfenchel wächst an felsigen Küsten und bekommt seinen aromatischen, angenehm salzigen Geschmack durch die Gischt. Die Pflanze ist ausgesprochen reich an Vitamin C. Zu kaufen gibt es Meerfenchel selten – falls Sie keinen auftreiben können, ersetzen Sie ihn durch ein anderes grünes Gemüse wie z.B. Mangold oder Blattspinat.
Die Dukkah-Mischung hält sich in einem luftdicht abgeschlossenen Behältnis mehrere Wochen.

Würzige Hackfleischbällchen mit Butternusskürbis-Spaghetti

6 PORTIONEN

ZUTATEN

150 g Karotten, geschält und gewürfelt
1 rote Paprikaschote, gewürfelt
3 Frühlingszwiebeln, nur der obere grüne Teil, in feine Streifen geschnitten
450 g Rinderhackfleisch
4 EL geschälter und geriebener frischer Ingwer
1 Ei
½ rote Chilischote, entkernt und fein gehackt
Salz
Pfeffer
2 EL Olivenöl
1 Butternusskürbis, geschält
400 g Pizzatomaten aus der Dose
½ Bund frische Kräuter, z.B. Basilikum und Petersilie, fein gehackt

Tipp

Wer mag, gibt vor dem Servieren noch 100 g gewürfelten Mozzarella über das Gericht und überbackt das Ganze 5 Minuten mit der Grillfunktion. Zum Schluss mit frischem Basilikum garnieren.

Hackfleischbällchen scheinen in letzter Zeit ein wenig aus der Mode geraten zu sein, dabei können sie unglaublich lecker schmecken und kommen immer gut an. Diese Variante ist sehr aromatisch, kommt ohne FODMAPs aus und steckt voller feiner Zutaten, zumal die normale Pasta durch Butternusskürbis-Spaghetti ersetzt wird. Ich habe versucht, die Hackfleischbällchen für die Gesundheitsbewussten im Backofen zuzubereiten, doch gebraten schmecken sie einfach deutlich besser. Gehen Sie einfach mit dem Öl sparsam um – sie sind es wirklich wert.

ZUBEREITUNG

Karotten, Paprikaschote, Zwiebelgrün, Rinderhackfleisch, Ingwer, Ei und Chili in einer großen Schüssel mischen. Großzügig würzen und alles mit den Händen gut vermischen.

Aus der Masse Hackfleischbällchen formen, die etwa die Größe von Golfbällen haben. Im heißen Öl bei mittlerer Hitze braten, bis sie rundherum schön braun und knusprig sind.

Währenddessen den Butternusskürbis zu Nudeln spiralisieren.

Tomaten und Kräuter zu den Hackbällchen in die Pfanne geben und ca. 5 Minuten garen.

Die Kürbisnudeln hinzufügen und weitere 2–3 Minuten garen. Sofort servieren.

Schellfischfrikadellen mit Knollensellerie und Kürbispüree

4 PORTIONEN – ERGIBT 4 GROSSE ODER 6 KLEINE FISCHFRIKADELLEN

ZUTATEN

½ Butternusskürbis
½ Knollensellerie
2 EL weiche, laktosefreie Butter
Meersalz
frisch gemahlener schwarzer Pfeffer
2 große Schellfischfilets (ungefähr 350 g)
1 EL Dijon-Senf
1 EL Dill, gehackt
1 EL Zitronenthymian, gehackt
2 EL Rapsöl
150 g Spinat

Diese Fischfrikadellen sind nicht nur einfach zuzubereiten, sondern auch gesund. Besonders köstlich schmecken sie, wenn sie mit einer Prise Chiliflocken bestreut und mit ein wenig Mayonnaise oder laktosefreiem Naturjoghurt serviert werden.

ZUBEREITUNG

Butternusskürbis und Knollensellerie schälen, in kleine Stücke schneiden und 8–10 Minuten backen, bis sie weich sind. Abgießen und mit der Butter fein zerstampfen. Mit Salz und Pfeffer abschmecken, warm stellen.

In einer Küchenmaschine oder im Mixer den Schellfisch (ohne Haut) mit Senf, Dill, Thymian sowie 1 Prise Salz und Pfeffer mixen, bis der Fisch fein gehackt ist und sich gut mit den Kräutern vermischt hat. Aus der Masse 4–6 kleine Frikadellen formen.

Die Frikadellen im heißen Öl bei mittlerer Hitze von jeder Seite ca. 3 Minuten braten, bis sie gar sind. In der letzten Minute den Spinat hinzufügen und nur kurz zusammenfallen lassen. Die Schellfischfrikadellen mit dem Kürbis-Sellerie-Püree und Spinat auf Tellern anrichten.

Kabeljau vom Blech mit Advieh-Gemüse

2 PORTIONEN

ZUTATEN

Für die Advieh-Gewürzmischung:

2 TL getrocknete Rosenblätter
1 TL geriebene Muskatnuss
1 TL Zimt
1 TL gemahlener Kardamom
1 TL Kümmel
½ TL gemahlener Kreuzkümmel

Außerdem:

4 Pastinaken, geschält
6 Karotten, geschält
2 große, eher mehlig kochende Kartoffeln
2 EL Olivenöl
2 Kabeljaufilets
Meersalz
Pfeffer
Saft von 1 Zitrone
getrocknete Rosenblätter, nach Belieben

Tipp

Reste der Gewürzmischung halten sich in einem luftdicht abgeschlossenen Behältnis einige Wochen.

Das ist ein großartiges, duftendes Gericht, für das Sie immer Komplimente bekommen werden (wie schön!). Es ist leicht für eine kleinere oder größere Tischgesellschaft zuzubereiten; Sie brauchen dafür lediglich ein Backblech – ab damit in den Ofen und den Abend genießen. Advieh ist eine wärmende, aromatische Gewürzmischung aus dem Iran, die man für alle Reisgerichte, Fleisch und Gemüse verwenden kann. Sie liefert eine Menge tolles Aroma ohne FODMAPs und passt hier hervorragend zum feinen Fisch.

ZUBEREITUNG

Den Backofen auf 180 °C (Umluft: 160 °C, Gas: Stufe 2–3) vorheizen. Für die Gewürzmischung alle Zutaten zusammen in einem Mörser zerstoßen oder im Blitzhacker zerkleinern. Beiseitestellen.

Karotten und Pastinaken vierteln, die Kartoffeln in Spalten schneiden. Alles auf einem Backblech ausbreiten. Olivenöl darüber träufeln und 3 EL der Gewürzmischung darüberstreuen. Das Blech leicht schwenken, damit sich alles verteilt, und im vorgeheizten Ofen 20 Minuten backen.

Das Backblech aus dem Ofen nehmen, das Gemüse umrühren und die Kabeljaufilets darauflegen. Zurück in den Ofen schieben und weitere 15 Minuten garen. Mit Salz und Pfeffer würzen, etwas Olivenöl und Zitronensaft darüberträufeln. Vor dem Servieren nach Belieben getrocknete Rosenblätter darüberstreuen.

Lamm-Köfte mit Salat und cremigem Zaziki

4 PORTIONEN

Jeder der drei Bestandteile dieses Rezepts ist wunderbar einfach, und doch ergibt die Kombination eine geniale Mahlzeit. Ich liebe es, wie alles mühelos miteinander harmoniert – und ich hoffe, Ihnen wird es auch so gehen. Wenn Sie besonders großen Hunger haben, servieren Sie die Köfte mit Fladenbrot.

ZUTATEN

Für die Köfte:

500 g Lammhackfleisch
1 EL Chiliflocken
1 kleines Bund Petersilie, fein gehackt
1 EL Sumach
1 TL Paprikapulver
2 TL Kreuzkümmel, gemahlen
1 TL Koriander, gemahlen
Meersalz
frisch gemahlener schwarzer Pfeffer

Für den Salat:

½ Bio-Salatgurke, gewaschen und geputzt
200 g Kirschtomaten, gewaschen und geputzt
1 Handvoll Koriandergrün
200 g gegarte Quinoa (Seite 58)
Saft von 1 Zitrone
2 EL natives Olivenöl extra

Für das Zaziki:

1 Salatgurke
200 g laktose- oder milchfreier Joghurt
1 kleines Bund Minze, fein gehackt
Saft von ½ Zitrone
1 EL mit Knoblauch aromatisiertes Olivenöl

ZUBEREITUNG

Für die Köfte das Lammhackfleisch mit Chili, Petersilie, Sumach, Paprikapulver, Kreuzkümmel und Koriander in einer Schüssel vermengen. Salzen, pfeffern und alles gut mischen.

Die Mischung vierteln und mit den Händen zu vier gleich großen Rollen formen. Durch jede Rolle einen Spieß stecken und die Lamm-Köfte auf einem mittelgroßen Grill unter gelegentlichem Wenden 15 Minuten grillen, bis sie gar sind.

Für den Salat die Salatgurke würfeln und die Tomaten vierteln. Korianderblätter fein hacken. Alles zusammen mit Quinoa, Zitronensaft und Olivenöl in eine Schüssel füllen und miteinander mischen.

Für das Zaziki die Salatgurke waschen, schälen und würfeln. Mit Joghurt, Minze, Zitronensaft und dem aromatisierten Öl in einer Schüssel verrühren. Mit Salz und Pfeffer abschmecken.

Die gegarten Lammspieße auf eine Platte legen, mit Alufolie abdecken und 5 Minuten ruhen lassen. Mit Salat und Zaziki servieren.

Einfache Fladenbrote

ERGIBT 4 BROTE

Diese Fladenbrote lassen sich einfach und unproblematisch herstellen. Am besten isst man sie ganz frisch, großzügig mit Olivenöl beträufelt. Sie eignen sich auch perfekt als weiche Unterlage für aromatische Lamm-Köfte oder als Beilage zu Dal (Seite 92).

ZUTATEN

200 g glutenfreie Mehlmischung (Seite 45)
1½ TL glutenfreies Backpulver
1 EL Kreuzkümmel, geröstet
1 EL Koriander, gemahlen
150 ml laktosefreier Naturjoghurt
2 EL Olivenöl
glutenfreie Mehlmischung zum Bearbeiten

ZUBEREITUNG

Den Grill auf mittlere Stufe vorheizen, ein Backblech mit Backpapier auslegen und leicht mit Mehl bestäuben.

Mehlmischung, Backpulver, Kreuzkümmel und Koriander in einer Schüssel vermischen.

Den Joghurt und 50 ml Wasser unterrühren. Alles mit den Händen zu einem weichen Teig verkneten.

Den Teig in vier gleich große Stücke teilen und jeweils zu einem runden, etwa 5 mm dicken Fladen formen. Jeweils leicht mit etwas zusätzlichem Mehl bestäuben.

Die Fladen auf das vorbereitete Backblech legen und unter dem Backofengrill von jeder Seite 3–5 Minuten grillen, bis sie aufgegangen und goldbraun sind.

Garnelen-Tortillas mit süß-scharfer Ananas-Salsa

4 PORTIONEN

ZUTATEN

Für die Garnelen-Tortillas:

1 EL Kokosöl
500 g rohe geschälte Riesengarnelen
8 Maistortillas

Für die Ananas-Salsa:

½ rote oder grüne Paprikaschote
1 grüne Chilischote, entkernt und fein gewürfelt
100 g Kirschtomaten
200 g Ananas, grob gehackt
Saft und abgeriebene Schale ½ Bio-Limette
1 EL natives Olivenöl extra
1 EL Ahornsirup
4 EL Koriandergrün, gehackt
Meersalz
frisch gemahlener schwarzer Pfeffer

Zum Servieren:

laktose- oder milchfreier Joghurt
1 Bund Koriandergrün, fein gehackt
1 Limette

Diese Garnelen-Tortillas sind schnell und einfach zubereitet, sehen aber großartig aus und schmecken auch so. Man kann sie wunderbar gemeinsam zusammensetzen, dann ist jeder beteiligt. Nehmen Sie eine warme Tortilla, laden Sie Garnelen darauf, löffeln Sie die Ananas-Salsa darüber und runden Sie alles mit einem Klecks Joghurt ab. Dazu passt hervorragend ein Glas spritziger Weißwein, am besten in der Sonne – der reine Genuss!

ZUBEREITUNG

Das Öl in einer Pfanne auf mittlerer Stufe erhitzen und die Garnelen hinzufügen. In einer einzigen Schicht von jeder Seite 2 Minuten anbraten. Die Garnelen sind gar, wenn sie rosa werden und sich fest anfühlen.

Als Nächstes die Salsa vorbereiten. Die Tomaten vierteln und die Paprikaschoten würfeln. Zusammen mit den restlichen Zutaten in eine mittelgroße Schüssel füllen. Umrühren und nach Geschmack würzen.

Die Maistortillas in einer Pfanne etwa 1 Minute pro Seite erwärmen, bis sie beginnen, knusprig zu werden. Warm mit den gegrillten Garnelen, einem großen Löffel Ananas-Salsa, einem Klecks Joghurt oder saurer Sahne, etwas frischem, gehacktem Koriander und einer zusätzlichen Spalte Limette servieren.

Tipp

Die Salsa können Sie gut einen Tag im Voraus zubereiten und im Kühlschrank aufbewahren, das macht ihre Aromen noch intensiver. Bereiten Sie doch mal als Alternative Quesadillas zu: Erhitzen Sie das Kokosöl in einer Pfanne und legen Sie die Maistortilla hinein. Streuen Sie eine Handvoll geriebenen Cheddar darauf, bevor Sie die Tortilla mit gegarten Garnelen und der Ananas-Salsa belegen. Dann streuen Sie etwas zusätzlichen Käse darüber und legen eine zweite Tortilla obendrauf. Von beiden Seiten goldbraun braten. Auf einen Teller gleiten lassen und in Spalten schneiden. Mit den restlichen Tortillas und Füllungszutaten auf dieselbe Weise verfahren.

Leichte Low-Carb-Lasagne mit Kürbis

6–8 PORTIONEN

ZUTATEN

2 EL Olivenöl
1 Pastinake, geschält und gewürfelt
3 Karotten, geschält und gewürfelt
1 rote Paprikaschote, gewürfelt
1 kg Rinderhackfleisch
800 g Pizzatomaten aus der Dose
2 TL getrockneter Oregano
2 Lorbeerblätter
20 g Basilikum, gehackt
Meersalz
frisch gemahlener schwarzer Pfeffer
2 Butternusskürbisse
200 g Spinat
125 g laktosefreier Mozzarella, in dünne Scheiben geschnitten

Ich hatte Zweifel, ob ich dieses Gericht wirklich als »Leichte Lasagne« bezeichnen sollte, weil ich fürchtete, viele Leser würden dann schnell weiterblättern. Doch es gibt keine bessere Möglichkeit, diese Speise zu beschreiben, in der Weizennudeln durch seidige Schichten Butternusskürbis ersetzt werden, sodass die Lasagne glutenfrei und für den Darm leichter zu verdauen wird. Dazu passt wunderbar ein Salat auf Grünkohlbasis.

ZUBEREITUNG

In einem großen Topf 1 EL Öl erhitzen. Pastinake, Karotte und Paprikaschote darin bei mittlerer Hitze ca. 8 Minuten weich dünsten.

Das Hackfleisch hinzufügen und unter Wenden anbraten, bis es krümelig und braun wird.

Tomaten und 120 ml Wasser dazugießen. Oregano, Lorbeerblätter sowie Basilikum unterrühren. Bei kleiner Hitze etwa 1 Stunde köcheln lassen. Abschmecken und würzen. Die Lorbeerblätter entfernen.

Den Backofen auf 180 °C (Umluft: 160 °C, Gas: Stufe 2–3) vorheizen. Die Kürbisse schälen, in sehr dünne Scheiben schneiden und auf ein Backblech geben.

Mit dem übrigen Olivenöl beträufeln und 15 Minuten im Ofen backen. Sobald die Kürbisscheiben weich sind, kann die Lasagne zusammengesetzt werden: In eine Auflaufform erst eine Schicht Fleischmischung, dann eine Schicht Spinat und danach eine Schicht Kürbis füllen und so weiter verfahren, bis alle Zutaten aufgebraucht sind.

Als letzte Schicht Kürbisscheiben darauflegen, den Mozzarella darüber verteilen und die Lasagne im vorgeheizten Ofen etwa 30 Minuten backen, bis sie goldbraun und knusprig ist.

Tipp

Diese Lasagne lässt sich wirklich gut aufbewahren: Im Kühlschrank hält sie sich mit Folie abgedeckt bis zu drei Tage.

Würzig-süßes Pulled Pork mit Limette

6–8 PORTIONEN

ZUTATEN
1,5 kg Schweineschulter
1 EL Olivenöl
Meersalz
frisch gemahlener schwarzer Pfeffer
120 ml Ahornsirup
60 ml Tamari
1 EL Worcestershiresoße
Saft von 1 Limette
1 ½ EL chinesisches Fünf-Gewürze-Pulver
1 EL Maisstärke
Limettenspalten, zum Servieren
Gehackte Korianderblätter, zum Servieren
6–8 glutenfreie Brötchen, aufgebacken, zum Servieren

Ich setze das Schweinefleisch am Morgen auf, sodass es langsam den ganzen Tag über garen kann. Zur Abendessenszeit hat man dann einen wunderbar zarten Braten, der mühelos auseinanderfällt, bedeckt von einer würzig-süßen Marinade. Betten Sie das Fleisch auf ein frisch aufgebackenes Brötchen und genießen Sie den bunten Krautsalat von Seite 144 dazu. Einfach köstlich!

ZUBEREITUNG

Das Öl in einer großen Pfanne auf mittlerer Stufe erhitzen. Das Schweinefleisch würzen, in die Pfanne geben und von allen Seiten anbraten. Das Fleisch in einen Schongarer setzen.

In einer kleinen Schale Ahornsirup, Tamari, Worcestershiresoße, Limettensaft und Fünf-Gewürze-Pulver verquirlen. Die Marinade über das Schweinefleisch gießen. Langsam auf niedrigster Stufe 6–8 Stunden garen, bis das Schweinefleisch zart ist und auseinanderfällt.

Den Braten auf eine Servierplatte legen. Die Flüssigkeit aus dem Schongarer in einen mittelgroßen Topf füllen, auf mittlerer Stufe erhitzen und langsam mit der Maisstärke verquirlen. Innerhalb weniger Minuten dickt die Mischung ein.

Die Soße über das Schweinefleisch gießen und das Fleisch mit einer Gabel auseinanderziehen. Mit Limettenspalten und frisch gehackten Korianderblättern garnieren. Warm mit den aufgebackenen Brötchen servieren.

Tipp:

Stellen Sie Ihr eigenes chinesisches Fünf-Gewürze-Pulver her: 1 TL Zimtpulver mit je 1 TL gemahlenen Gewürznelken, gemahlenem Sternanis, gerösteten und gemahlenen Fenchelsamen und gemahlenen Szechuan-Pfefferkörnern mischen.

Fenchel-Kartoffel-Auflauf

2–4 PORTIONEN

ZUTATEN

2 EL laktosefreie Butter
1 kleine Fenchelknolle, geputzt und längs in dünne Scheiben geschnitten
1 EL Schnittlauch, fein gehackt
2 mittelgroße mehlig kochende Kartoffeln
Meersalz
frisch gemahlener schwarzer Pfeffer
200 ml laktosefreie Milch oder Pflanzenmilch nach Wahl
eine Handvoll geriebener Käse nach Wahl, z. B. Greyerzer oder Cheddar

Dieses Gericht passt hervorragend zu Fisch oder Fleisch und reicht dann für vier Portionen – oder Sie genießen es zu zweit pur in Kombination mit einem grünen Salat. Obwohl es weder Knoblauch noch Zwiebeln enthält, schmeckt es sehr lecker. Auch wenn Sie Fenchel nicht besonders mögen, sollten Sie sich nicht abschrecken lassen: Ich habe diesen Auflauf jemandem serviert, der überzeugt davon war, dieses Gemüse wirklich zu hassen – und er war begeistert! Der Fenchel schmeckt hier nämlich kein bisschen aufdringlich, sondern steuert ein wunderbar feines Aroma bei.

ZUBEREITUNG

Den Backofen auf 200 °C (Umluft: 180 °C, Gas: Stufe 3) vorheizen und eine kleine Auflaufform mit 1 EL Butter einfetten.

Den Fenchel in kochendem Salzwasser etwa 5 Minuten garen, abgießen und beiseitestellen.

Die Kartoffeln schälen, waschen und in dünne Scheiben schneiden. Mit den Fenchelscheiben in die Auflaufform schichten, dabei jede Schicht salzen, pfeffern und mit ein wenig Schnittlauch bestreuen. Mit einer Kartoffelschicht abschließen.

Die Milch über die Kartoffel- und Fenchelscheiben gießen, Butterflöckchen auf der Oberfläche verteilen und mit Alufolie abdecken. Im vorgeheizten Ofen 35 Minuten backen.

Die Alufolie entfernen. Den Auflauf mit dem Käse bestreuen und für weitere 10 Minuten in den Ofen schieben, bis er oben goldbraun und das Gemüse weich ist.

Nussige Schokoladen-trüffel

Donuts mit Blutorangenglasur

Scones mit Vanilleglasur

Hippie-Riegel

Erdnuss-Karamell-Happen

Bananenbrot mit Schokostückchen

Süße Leckereien

Ob mit oder ohne FODMAPs – wenn es um Nahrung geht, ist Ausgewogenheit ein absolutes Muss. In dieser Hinsicht ist dieses Kapitel zusammen mit dem folgenden (»Köstliche Desserts«) etwas kritisch. Aber ich finde, jeder verdient gelegentlich eine kleine Sünde.

Die meisten leicht verfügbaren süßen Gerichte wie Kuchen, Süßigkeiten und Desserts sind entweder unglaublich ungesund und FODMAP-arm oder gesünder, aber dafür reich an FODMAPs. Deshalb habe ich in den beiden folgenden Kapiteln versucht, ein Gleichgewicht herzustellen.

Ich glaube wirklich daran, dass solche Rezepte häufig besser schmecken und Ihnen besser bekommen, wenn sie weniger industriell verarbeitete Zutaten enthalten. Ich wollte die am wenigsten raffinierten Zuckerarten und die gesündesten, FODMAP-armen Alternativen verwenden, damit die Rezepte so nährstoffreich wie möglich sind.

Das heißt jedoch nicht, dass ich den Zucker komplett verbannt hätte – und ich hoffe, Sie werden nicht überrascht sein, dass die meisten Rezepte in diesem Kapitel Zucker enthalten. Ich denke, wir sollten dieses Zeug nicht tonnenweise essen, und bei all den nachfolgenden süßen Rezepten war es mein Ziel, so wenig wie möglich davon zu nehmen

Doch das Endprodukt sollte unbedingt noch gut schmecken. Wenn Sie schwelgen wollen, sollte es das auch wert sein. Mein Hauptproblem mit Zucker ist, dass er häufig dort auftaucht, wo er nicht sein muss: in Getränken, Nudelsoßen und Müsli beispielsweise. Und wenn dann auch noch versucht wird, diese Produkte als »gesund« zu vermarkten, fahre ich wirklich aus der Haut!

Die FODMAP-arme Ernährung kann zwar kompliziert sein, doch ich werde Ihnen nicht sagen, dass Sie insgesamt auf jegliche Form von Zucker verzichten sollen – bleiben Sie einfach locker. Rezepte wie meine Donuts mit Blutorangenglasur (Seite 190) und meine Favoriten, die Maracuja-Cupcakes mit Kokossahne-Topping (Seite 172), sind definitiv nicht für jeden Tag gedacht, aber ab und zu darf man sie sich gönnen.

Für jemanden wie zum Beispiel mich, die immer Vanille und Fruchtaromen der Schokolade vorgezogen hat, enthalten recht viele Rezepte in diesem Kapitel Schokolade – zum Beispiel die wunderbar saftigen Meersalz-Pekannuss-Brownies (Seite 178), Bananenbrot mit Schokostückchen (Seite 192) und Hasel-Pekannuss-Schoko-Aufstrich (Seite 184) – und ich muss sagen, dass letzterer eigentlich zu einfach allem perfekt passt.

Übrigens: Inulin ist ein hinterhältiger FODMAP, der in vielen im Laden gekauften, milchfreien Schokoladesorten enthalten ist. Aus diesem Grund habe ich ein Rezept für Rohe Rosenschokolade entwickelt (Seite 180). So können Sie Ihre eigene Schokolade herstellen – ganz ohne FODMAPs, aber dafür mit duftenden, getrockneten Rosenblättern und leichtem, knusprigem Puffreis.

Es macht auch Spaß, die Lavendel-Shortbread-Kekse (Seite 188) zu backen. Sie eignen sich hervorragend für ein Picknick im Sommer, Partys oder Geburtstagsfeiern. Sie duften, sind leicht, butterig – und dienen auch als wunderbares Geschenk, wenn Sie die Kekse hübsch verpacken. Wie viele andere Rezepte in diesem Kapitel lassen sie sich außerdem leicht anpassen, wenn sie vegan sein sollen.

Falls also die Lust auf Süßes Sie ereilt und Früchte nicht ausreichen, sollten Sie nicht nach industriell verarbeiteten, zuckrigen Naschereien greifen. Verzichten Sie auf Schokoriegel und Fruchtgummi oder Fertigdesserts und probieren Sie stattdessen lieber eine dieser selbst gemachten, darmfreundlichen süßen Leckereien.

Maracuja-Cupcakes mit Kokossahne-Topping

ERGIBT 10 STÜCK

ZUTATEN

Für die Cupcakes:

70 g gemahlene Mandeln
75 g Vollreismehl
40 g Kartoffelstärke
¼ TL Meersalz
2 TL glutenfreies Backpulver
75 g brauner Zucker
abgeriebene Schale von 1 Bio-Zitrone
1 Ei
60 ml Mandelmilch
60 ml Maracuja-Fruchtfleisch (von ungefähr 2 Maracujas), plus mehr zum Verzieren
2 EL Kokosöl, geschmolzen und abgekühlt
1 TL reiner Vanilleextrakt

Für das Kokossahne-Topping:

1 Dose (400 ml) Kokosmilch, 24 Stunden im Kühlschrank aufbewahrt
2 EL Ahornsirup
1 TL reiner Vanilleextrakt oder
1 Vanilleschote, Mark ausgekratzt
1 TL Zimt

Diese Cupcakes sind leicht, köstlich und haben einen charmanten tropischen Geschmack. Alle paar Bissen erwischen Sie etwas Knackiges aus dem Maracuja-Fruchtfleisch, und das nahrhafte Kokossahne-Topping liefert eine umwerfende Aroma- und Konsistenz-Kombination, finde ich. Verzichten Sie nicht auf das Kühlen der Kokosmilch, denn dadurch setzt sich das Kokosfett ab und wird fest, sodass das Topping cremiger und dicker wird.

ZUBEREITUNG

Den Backofen auf 180 °C (Umluft: 160 °C, Gas: Stufe 2–3) vorheizen und die Mulden eines Muffinblechs mit zehn Papierförmchen auslegen.

Die gemahlenen Mandeln mit Reismehl, Kartoffelstärke, Salz und Backpulver in einer mittelgroßen Schüssel mischen. Zucker und Zitronenschale untermischen.

In einer weiteren Schüssel Ei, Mandelmilch, Maracuja-Fruchtfleisch, Kokosöl und Vanille verquirlen. Zur Mandelmischung gießen und verrühren, bis ein einheitlicher Teig entsteht.

Den Teig in die Papierförmchen füllen, Muffinblech in den vorgeheizten Ofen schieben und 25–30 Minuten backen. Stecken Sie ein Holzstäbchen in die Mitte – kommt es sauber heraus, sind die Muffins durchgebacken. Die Muffins aus dem Ofen holen und 5 Minuten beiseitestellen, dann auf einem Kuchengitter auskühlen lassen.

Währenddessen das Topping vorbereiten: Die Dose Kokosmilch öffnen und die weiße, cremige Schicht herausholen, die sich abgesetzt hat. In eine Schüssel füllen (das Wasser wird nicht benötigt; nehmen Sie es für ein anderes Gericht oder für einen Smoothie).

Tipps

Das Kokossahne-Topping hält sich in einem luftdicht abschließenden Behältnis bis zu drei Tage im Kühlschrank.
Die Cupcakes schmecken frisch am besten, doch etwaige Reste halten sich in einem luftdicht abschließenden Behälter zwei bis drei Tage und können auch eingefroren werden.
Die geschlagene Kokossahne können Sie übrigens auch wunderbar zu Kuchen und Desserts servieren!

Die Kokoscreme mit einem Handrührgerät auf hoher Stufe 15–20 Sekunden aufschlagen, bis sie weich wird. Ahornsirup und Vanilleextrakt hinzufügen und weitere 1–2 Minuten schlagen, bis die Mischung locker und cremig ist. Den Zimt unterrühren.

Gegebenenfalls vor der Verwendung einige Minuten in den Kühlschrank stellen, damit das Topping etwas fester wird. Wenn die Muffins ganz abgekühlt sind, die Kokossahne aufspritzen oder darüberlöffeln und etwas Maracuja-Fruchtfleisch darauf verteilen.

Nussige Schokoladentrüffel

ERGIBT 16 STÜCK

ZUTATEN

100 g Haselnüsse, geröstet
100 g Walnüsse
3 EL rohes Kakaopulver
¼ TL Meersalz
2 EL Kokosöl
4 EL Ahornsirup
1 TL reiner Vanilleextrakt
4 EL gehackte Haselnüsse, zum Bestreuen

Diese kleinen Kugeln begeistern mit einer hinreißenden Nuss-Schoko-Masse, einer gerösteten Haselnuss in der Mitte und einem Überzug aus knackigen gehackten Haselnüssen. Sie sind glutenfrei, milchfrei, FODMAP-freundlich und zeigen, dass Nahrungsmitteleinschränkungen nicht zulasten des Geschmacks gehen müssen: Sie können trotzdem zusammen mit Freunden etwas Feines naschen.

ZUBEREITUNG

Ungefähr 16 geröstete Haselnüsse zum Füllen der Trüffel beiseitestellen. Die restlichen Haselnüsse und die Walnüsse in einer Küchenmaschine oder im Mixer fein hacken.

Kakao und Meersalz kurz untermixen. Kokosöl, Ahornsirup und Vanilleextrakt hinzufügen und mixen, bis eine einheitliche Masse entsteht. Zwischendurch gelegentlich von den Rändern der Küchenmaschine nach unten schieben, was sich dort abgesetzt hat.

Aus der Mischung mit kühlen Händen 16 kleine Kugeln formen, dabei jeweils 1 Haselnusskern in die Mitte jeder Kugel stecken. Die Kugeln in den gehackten Haselnüssen wenden und 20–30 Minuten ins Gefrierfach legen, damit sie fest werden. Im Kühlschrank aufbewahren.

Erdnuss-Karamell-Happen

ERGIBT 12 KLEINE QUADRATE

ZUTATEN

Für den Teig:

70 g Mandeln
90 g Haferflocken
2 EL Kokosöl, geschmolzen
2 EL Ahornsirup

Für die Karamellschicht:

135 g Erdnussbutter
80 ml Ahornsirup
¼ TL Meersalz
1 TL reiner Vanilleextrakt
30 g Erdnüsse

Für die Schokoladenschicht:

3 EL Kakaopulver
50 g Kokosöl, geschmolzen
4 EL Ahornsirup
½ TL grobes Meersalz

Zugegeben: Dieses Rezept ist dekadent und geht mit dem süßen Ahornsirup nicht sparsam um. Aber die Happen sind gut für die Seele, vegan, FODMAP-freundlich und – was am wichtigsten ist – einfach oberlecker. Mit einer Basis aus Mandeln und Hafer, einer saftigen Erdnuss-Karamell-Schicht in der Mitte und einem Überzug aus dunkler Schokolade können Sie einfach nichts falsch machen.

ZUBEREITUNG

Mandeln und Haferflocken in einer Küchenmaschine oder im Mixer zerkleinern, bis die Mischung an feines Paniermehl erinnert. Während das Gerät läuft, Kokosöl und Ahornsirup hineingießen, bis die Mischung beginnt, zusammenzukleben. Gegebenenfalls etwas mehr Kokosöl verwenden.

Ein kleines Backblech mit Frischhaltefolie auslegen, sodass diese etwas über die Ränder hinausragt. (Dadurch wird es später deutlich leichter, die Happen herauszuholen.) Die Mischung auf die Folie löffeln und mit sauberen Händen festdrücken. Ins Gefrierfach stellen, während die anderen Schichten vorbereitet werden.

Für die Karamellschicht Erdnussbutter, Ahornsirup, Meersalz und Vanilleextrakt in der Küchenmaschine bzw. im Mixer pürieren, bis eine cremige Masse entsteht. (Eine Reinigung der Küchenmaschine ist danach nicht erforderlich.) Die Erdnüsse hinzufügen und 30 Sekunden pürieren, sodass sie grob gehackt sind. Die Mischung auf die Mandel-Hafer-Basis löffeln und wieder ins Gefrierfach stellen.

Für die Schokoladenschicht Kakaopulver, Kokosöl und Ahornsirup gut verrühren, bis alles eine einheitliche Konsistenz hat. Sobald die Karamellschicht fest geworden ist, die Schokoladenmischung darauf verteilen und mit Meersalz bestreuen. Für eine weitere Stunde ins Gefrierfach stellen.

Sobald die Schokolade fest ist, alles aus der Form holen, in Quadrate schneiden und in einer luftdicht abschließenden Dose im Kühlschrank aufbewahren.

Tipps

Genießen Sie diese köstlichen Trüffel, aber gönnen Sie sich nicht mehr als 2–3 Stück pro Tag. Nüsse enthalten FODMAPs, darum sollten Sie davon nur kleine Mengen essen.

Wenn Sie nicht scharf darauf sind, die Schokoladenschicht selbst herzustellen, können Sie stattdessen auch geschmolzene Bitterschokolade (70 % Kakaoanteil) verwenden. Gießen Sie diese einfach darüber, wie im Rezept beschrieben, und stellen Sie die Happen ins Gefrierfach, damit sie fest werden.

Meersalz-Pekannuss-Brownies

ERGIBT 16 STÜCK

ZUTATEN
100 g Kokosöl
200 g Bitterschokolade (70–80 % Kakaoanteil)
2 Eier
150 g brauner Zucker
1 TL reiner Vanilleextrakt
100 g Vollreismehl
75 g Buchweizenmehl
1 TL glutenfreies Backpulver
1 TL Meersalz
75 g Pekannusskerne

Tipp

Auch hier gilt: Bitte in Maßen schlemmen, wegen der FODMAPs in den Pekannüssen. Wenn Sie die Brownies etwas schmelzender bevorzugen, bewahren Sie sie am besten im Kühlschrank auf.

Es waren mehrere Versuche erforderlich, bis diese Schätzchen richtig gut geworden sind – doch das schien meine Mitbewohner nicht zu stören! Diese gluten- und milchfreien Brownies bestehen aus nahrhafter Bitterschokolade und Kokosöl, enthalten feine Pekannüsse und werden mit etwas grobem Meersalz bestreut. Sie schmecken einfach unwiderstehlich – und niemand wird den Unterschied zu herkömmlichen Brownies bemerken.

ZUBEREITUNG

Den Backofen auf 180 °C (Umluft: 160 °C, Gas: Stufe 2–3) vorheizen. Eine quadratische Backform (20 x 20 cm) mit Backpapier auslegen und mit ein wenig Kokosöl einfetten.

Die Schokolade in Stücke brechen und zusammen mit dem übrigen Kokosöl in ein heißes Wasserbad geben (Vorsicht: Die Schale sollte die Wasseroberfläche nicht berühren.) Schokolade und Kokosöl langsam schmelzen, dabei gelegentlich umrühren. Vom Herd nehmen und zum Abkühlen beiseitestellen, bis die Mischung knapp lauwarm ist.

Eier, Zucker und Vanille ungefähr 1 Minute mit dem Handrührgerät oder 2 Minuten mit einem Schneebesen hellschaumig schlagen.

Reismehl, Buchweizenmehl und Backpulver in eine große Schüssel sieben. In die Mitte eine Mulde drücken und Eiercreme hineingießen.

Salz und Schokoladenmischung zufügen und langsam mit einem hölzernen Kochlöffel verrühren, bis alles gut durchmischt ist. Zum Schluss die Pekannüsse unterrühren.

Den Teig in die Form füllen, glatt streichen und im vorgeheizten Ofen ca. 20 Minuten backen, bis die Oberfläche fest aussieht. Einen Spieß hineinstecken, um zu prüfen, ob die Brownies durchgebacken sind – einige wenige Krümel dürfen beim Herausziehen kleben bleiben.

Nach Geschmack mit einer Prise Meersalz bestreuen. In der Form vollständig auskühlen lassen und dann in Quadrate schneiden.

Rohe Rosenschokolade

ERGIBT 18–20 STÜCKE

ZUTATEN

100 g Kokosöl
60 g rohes Kakaopulver
60 ml Ahornsirup
1 TL reiner Vanilleextrakt
1 TL Meersalz
15 g Puffreis
3 EL getrocknete Rosenblätter

Ziehen Sie Ihre Küchenschürze an und ersetzen Sie die gekauften Schokoladentafeln durch selbst gemachte. Sie eignen sich hervorragend zum Ausklang eines Abends mit Gästen, sind von Natur aus laktose- und milchfrei und innerhalb von nur 5 Minuten gemacht. Sie können das Rezept beliebig und nach Geschmack anpassen: Bestreuen Sie Ihre Schokolade beispielsweise mit passenden Früchten, Nüssen oder Samen beziehungsweise fügen Sie Minze- oder Orangenextrakt hinzu, um ein ganz anderes Aroma zu genießen. In diesem Rezept steigt der Puffreis automatisch nach oben, sodass Sie eine angenehm dicke Schokoladenschicht erhalten, der knuspriger Puffreis folgt, während duftende Rosenblätter den Abschluss bilden.

ZUBEREITUNG

Ein kleines Backblech mit Backpapier oder Frischhaltefolie auslegen und beiseitestellen.

In einem mittelgroßen Topf das Kokosöl auf niedriger Stufe schmelzen. Vom Herd nehmen, Kakaopulver, Ahornsirup und Vanilleextrakt hinzufügen und alles verquirlen, bis eine einheitliche Masse entsteht.

Nach Geschmack 1 Prise Meersalz hinzufügen, dann den Puffreis unterrühren. Die Schokoladenmischung mit einem Teigschaber auf das vorbereitete Blech streichen, sodass eine ungefähr 1 Zentimeter dicke Schicht entsteht.

Rosenblätter und 1 Prise Salz darüberstreuen. Im Gefrierfach für 20 Minuten auf eine ebene Fläche stellen, bis die Schokolade fest geworden ist.

Sobald die Schokolade gefroren ist, die Platte mit einem Messer in 18–20 Stücke teilen. Bis zum Servieren im Kühlschrank aufbewahren (aufgrund des Kokosöls schmilzt die Schokolade sehr schnell).

Hippie-Riegel

ERGIBT 16 STÜCK

ZUTATEN

240 ml Ahornsirup
125 g Erdnussbutter
175 g Bitterschokolade (70 %), zerkleinert
4 EL Kokosöl
Meersalz
100 g glutenfreies Reis-Knuspermüsli
4 EL Sonnenblumenkerne

Die Inspiration für diese Riegel hat ein wahnsinnig leckeres Rezept einer Freundin der Familie geliefert, das ich durch einige Ersetzungen FODMAP-freundlich abgewandelt habe. Eine geniale, knusprige Schokoladen-Reis-Kombination mit extra Bitterschokolade obendrauf und einem Tupfer vitamin- und mineralstoffreicher Sonnenblumenkerne – das macht Kinder ebenso froh wie Erwachsene!

ZUBEREITUNG

Eine quadratische Backform (20 x 20 cm) mit Backpapier auslegen. In einem großen Topf den Ahornsirup 1 Minute sprudelnd kochen lassen, dabei mit einem hitzebeständigen Teigschaber oder Holzlöffel häufig umrühren.

Den Topf vom Herd nehmen. Die Erdnussbutter, die Hälfte der Schokolade, 2 EL Kokosöl und 1 Prise Salz unterrühren, bis die Schokolade geschmolzen und die Mischung glänzend und geschmeidig ist.

Das Reismüsli und die Sonnenblumenkerne unterrühren, die Mischung in die vorbereitete Backform füllen, gleichmäßig verteilen und festdrücken.

In einem kleinen Topf die restliche Schokolade und das übrige Kokosöl bei sehr kleiner Hitze unter ständigem Rühren zusammen schmelzen.

Die Schokoladenmischung in die Backform gießen, mit einem Teigschaber oder der Rückseite eines Löffels glatt streichen. ¼ TL Salz darüberstreuen.

Die Form mindestens 1 Stunde in den Kühlschrank stellen, bis die Schokolade fest geworden ist.

Aus der Form heben und in 16 Quadrate schneiden. Am besten im Kühlschrank aufbewahren.

Schokoaufstrich mit Hasel- und Pekannüssen

ERGIBT ETWA 250 G
(NICHT MEHR ALS 2 ESSLÖFFEL AUF EINMAL ESSEN, DAMIT ES FODMAP-FREUNDLICH BLEIBT)

ZUTATEN

210 g Haselnüsse und Pekannüsse, geröstet
4 EL Kakaopulver
¼ TL Meersalz
120 ml Mandelmilch
80 ml Ahornsirup
1 EL reiner Vanilleextrakt
1 EL Kokosöl, flüssig und abgekühlt

Diese geschmeidige, üppige Schokocreme eignet sich wunderbar als Aufstrich auf frischem Obst, Toast oder Crêpes (Seite 53), kann aber auch direkt aus dem Glas gelöffelt werden! Mit lediglich einer Handvoll Zutaten und ein paar Minuten Zubereitung ist es einfacher, sie selbst zu machen, statt zum nächsten Laden zu fahren und eine Schokocreme zu kaufen. Die Mandelmilch verleiht dem Aufstrich eine herrliche Cremigkeit und reduziert die Menge der Nüsse, damit der Genuss FODMAP-freundlich bleibt.

ZUBEREITUNG

Nüsse, Kakao und Salz in einer Küchenmaschine oder im Mixer pürieren, bis eine Creme entsteht.

Bei laufendem Gerät nach und nach Mandelmilch, Ahornsirup, Vanille und Kokosöl hineingießen. Sobald eine cremige Konsistenz erreicht ist, alles in ein luftdicht abschließendes Gefäß löffeln und im Kühlschrank aufbewahren.

Tipps

Die Creme hält sich im Kühlschrank drei bis vier Tage.
Sie können ganz nach Geschmack auch nur eine der beiden Nusssorten verwenden.

Erdnussbutter-Doppeldecker (2 Varianten)

ERGIBT 10 STÜCK

ZUTATEN

200 g Bitterschokolade (70–80 %)
10 TL Erdnussbutter
½ reife Banane
oder 5 TL Heidelbeer-Chia-Fruchtaufstrich (Seite 63)

Diese Erdnussbutter-Doppeldecker werden mit gesünderen Fetten hergestellt als die Varianten, die es fertig zu kaufen gibt – nämlich mit Kokosöl und rohem Kakao. Sie vereinen feste Bitterschokolade mit cremiger Süße. Die Herstellung macht auch mit Kindern großen Spaß. Lassen Sie sich diese köstliche Leckerei gut schmecken!

ZUBEREITUNG

Eine Muffinform mit zehn Förmchen aus Papier auslegen. In einem mittelgroßen Topf die Schokolade auf niedriger Stufe schmelzen und 1 gehäuften TL unten in jedes Papierförmchen füllen. Ins Gefrierfach stellen, bis die Schokolade fest ist – das sollte nur wenige Minuten dauern.

Für die Erdnussbutter-Bananen-Füllung 1 TL Erdnussbutter in jedes der Förmchen füllen; dabei sollte die Füllung die Ränder des Förmchens möglichst nicht berühren. Mit jeweils 1 dünnen Bananenscheibe belegen.

Weitere Schokolade darübergießen, bis Erdnussbutter und Banane in der Mitte bedeckt sind. Wieder ins Gefrierfach stellen, bis die Schokolade ganz fest geworden ist.

Zur Herstellung der Erdnussbutter-Doppeldecker mit Fruchtaufstrich wie oben beschrieben verfahren, aber die Bananenscheiben durch je 1 TL Chia-Fruchtaufstrich ersetzen.

Tipp

Wenn Sie möchten, können Sie die Bitterschokolade durch die rohe Schokolade von Seite 180 ersetzen, die aus Kokosöl, Kakao und Ahornsirup hergestellt wird.

Lavendel-Shortbread-Kekse

ERGIBT UNGEFÄHR 20 KLEINE KEKSE

ZUTATEN

90 g laktosefreie Butter, zimmerwarm
120 ml Ahornsirup
½ TL reiner Vanilleextrakt
¼ TL Meersalz
280 g glutenfreie Mehlmischung (Seite 45)
abgeriebene Schale von 1 Bio-Zitrone
½ EL getrocknete Lavendelblüten

Diese Shortbread-Kekse zählen zu meinen Lieblingsrezepten im Buch. Sie schmecken wunderbar butterig, haben eine gehaltvolle, sandige Konsistenz und ein feines Lavendelblütenaroma. Herrlich zu einer Tasse Tee (mein Favorit ist Earl Grey) und einem Plausch am Nachmittag. Wenn Sie die Kekse vegan backen wollen, können Sie die Butter durch Kokosöl ersetzen; dann erinnert die Konsistenz der Shortbread-Kekse allerdings ein wenig mehr an Plätzchen – trotzdem unglaublich lecker.

ZUBEREITUNG

Den Backofen auf 180 °C (Umluft: 160 °C, Gas: Stufe 2–3) vorheizen und zwei Backbleche mit Backpapier auslegen. Zum Ausrollen zwei weitere Bögen Backpapier auf der Arbeitsfläche auslegen und die Plätzchenausstechform(en) bereitlegen.

Die Butter in eine große Rührschüssel füllen und cremig schlagen. Ahornsirup, Vanille und Salz hinzufügen und alles verrühren. Das Mehl darübersieben, dann Zitronenschale und Lavendel hinzufügen und alles mit einem hölzernen Löffel verrühren, bis ein einheitlicher Teig entsteht.

Dann den Teig mit kühlen Händen durchkneten, bis er geschmeidig ist und zur Kugel geformt werden kann. Die Teigkugel halbieren (damit sie leichter verarbeitet werden kann).

Eine der Teighälften zwischen den beiden Bögen Backpapier etwa 1 cm dick ausrollen. Mit einer Ausstechform Kekse ausstechen und vorsichtig auf die vorbereiteten Backbleche legen. Zwischen den einzelnen Keksen sollte immer 1 cm Abstand bleiben – sie laufen beim Backen nicht auseinander. Teigreste einsammeln und neu verkneten. Mit dem restlichen Teig auf dieselbe Weise verfahren, bis der gesamte Teig verarbeitet ist.

Die Kekse 12–15 Minuten backen, bis sich die Ränder goldbraun färben. Aus dem Backofen holen und zum Auskühlen auf ein Kuchengitter legen. Die Kekse werden innerhalb weniger Minuten fest. Also in diesem Fall lieber etwas kürzer als zu lang im Backofen lassen.

Donuts mit Blutorangenglasur

ERGIBT 6 GROSSE ODER 12 MINI-DONUTS

ZUTATEN

laktosefreie Butter zum Einfetten der Form
100 g weißes Reismehl
4 EL Tapiokamehl
70 g brauner Zucker
1 TL glutenfreies Backpulver
¼ TL Xanthan
¼ TL Salz
60 ml laktosefreie Milch oder Pflanzenmilch nach Wahl
4 EL Rapsöl
2 Eier
2 TL reiner Vanilleextrakt
200 g Puderzucker, gesiebt
abgeriebene Schale von ½ Bio-Blutorange
3–4 EL frisch ausgepresster Blutorangensaft, je nach gewünschter Konsistenz
essbare Blüten zum Garnieren

Tipp

Es gibt Donutformen für sechs mittelgroße oder für zwölf Mini-Donuts. Dieses Rezept kann auch zur Herstellung von Mini-Donuts verwendet werden, dann müssen Sie allerdings die Backzeit reduzieren.

Ich habe diesen Klassiker überarbeitet, denn ansonsten kann man die Worte »Donut« und »FODMAP-arm« nicht in ein und demselben Satz verwenden. (Stellen Sie sich an dieser Stelle einen geeigneten Emoji vor.) Wenn man sie im Backofen zubereitet, statt sie in Fett auszubacken, sind sie einfach gesünder. Und mit einer süßen, saisonalen, pinkfarbenen Blutorangenglasur sehen sie nicht nur schön aus, sondern erhalten auch noch eine leichte Zitrusnote.

ZUBEREITUNG

Den Backofen auf 180 °C (Umluft: 160 °C, Gas: Stufe 2–3) vorheizen und eine Donutform leicht einfetten.

In einer Rührschüssel Reismehl, Tapiokamehl, Zucker, Backpulver, Xanthan und Salz mischen. Beiseitestellen.

In einer zweiten Rührschüssel Milch, Öl, Eier und Vanilleextrakt verquirlen. Diese Mischung zu den trockenen Zutaten gießen und alles zu einem Teig verrühren.

Den Teig in einen Spritzbeutel oder einen großen Gefrierbeutel umfüllen (beim Gefrierbeutel unten eine Ecke abschneiden). Den Teig gleichmäßig in die vorbereitete Donutform spritzen und 10–12 Minuten backen, bis die Oberfläche der Donuts auf Druck leicht nachgibt.

Die Donuts in der Form 5 Minuten abkühlen lassen, dann herausnehmen und auf einem Kuchengitter vollständig auskühlen lassen.

Für die Blutorangenglasur Puderzucker, Orangenschale und 3 EL des Blutorangensafts in einer Schale miteinander verquirlen. Falls die Konsistenz zu fest wirkt, teelöffelweise den Rest vom Blutorangensaft teilweise oder ganz unterrühren.

Die abgekühlten Donuts in die Glasur tauchen und mit den Blüten dekorieren. Die Donuts auf einem Kuchengitter trocknen lassen.

Bananenbrot mit Schokostückchen

ERGIBT 1 KUCHEN

ZUTATEN

80 g Kokosöl, geschmolzen
120 ml Ahornsirup
2 Eier
3 große Bananen
60 ml Mandelmilch
1 TL reiner Vanilleextrakt
1 TL Backnatron
½ TL Salz
1 TL Zimt
215 g glutenfreie Mehlmischung (Seite 45)
100 g Bitterschokolade, grob gehackt

Tipps

Dieses Bananenbrot schmeckt frisch am besten. Es kann aber auch bei Zimmertemperatur zwei oder drei Tage aufbewahrt werden und hält sich im Gefrierfach ungefähr drei Monate. Falls Sie das Bananenbrot einfrieren möchten, sollten Sie es vorab in Scheiben schneiden – dann können Sie einzelne Scheiben auftauen und diese leicht toasten oder Zimmertemperatur annehmen lassen.

Warmes Bananenbrot ist irgendwie magisch und wohltuend – vor allem, wenn es auch noch Schokolade enthält. Ich weiß nicht, ob ich jemals genug davon haben werde, fürs Wochenende Bananenbrot zu backen! Wenn Sie sich erst seit Kurzem glutenfrei ernähren oder noch nicht lange FODMAP-freundlich backen, ist dieses Rezept für den Anfang genau das Richtige. Servieren Sie das Bananenbrot mit Ihrem Lieblingsaufstrich oder genießen Sie es einfach pur.

ZUBEREITUNG

Den Backofen auf 175 °C (Umluft: 150 °C, Gas: Stufe 2) vorheizen. Eine Kastenform (900 g Fassungsvermögen; ca. 23 x 13 x 7 cm) mit 10 g Kokosöl einfetten.

In einer großen Schüssel Kokosöl und Ahornsirup miteinander verquirlen. Die Eier hinzufügen und gut verquirlen. 2 Bananen mit einer Gabel fein zerdrücken und mit der Milch zur Ei-Mischung geben.

Alles mit den Quirlen des Handrührgeräts gut verrühren. (Falls das Kokosöl in Kontakt mit den kalten Zutaten zu fest wird, einfach die Schüssel für ein paar Minuten an einen warmen Ort stellen.) Vanille, Backnatron, Salz und Zimt hinzufügen und alles noch einmal verquirlen.

Das Mehl in die Schüssel sieben und mit einem Holzlöffel unterrühren, bis es in den Teig eingearbeitet ist. Die Schokoladenstückchen dazugeben und ebenfalls unterrühren. Den Teig in die vorbereitete Kastenform füllen.

Die restliche Banane schälen, längs halbieren, auf den Teig legen und mit dem Zimt bestäuben. Die Form in den vorgeheizten Ofen stellen und etwa 60 Minuten backen, bis ein Spieß, den man in die Mitte hineinsteckt, beim Herausziehen sauber bleibt.

Das Bananenbrot in der Kastenform 10 Minuten abkühlen lassen, dann herauslösen und auf ein Kuchengitter legen. Vor dem Anschneiden mindestens 20 Minuten auskühlen lassen.

Scones mit Vanilleglasur

ERGIBT 10–12 STÜCK

ZUTATEN

Für den Teig:

240 g glutenfreie Mehlmischung (Seite 45)
2 TL glutenfreies Backpulver
1 TL Backnatron
½ TL Meersalz
50 g brauner Zucker
1 Vanilleschote, Mark ausgekratzt
1 ½ TL reiner Vanilleextrakt
115 g kalte laktosefreie Butter, in kleine Würfel geschnitten
2 Eier, plus 1 Ei zum Bestreichen
120 g laktosefreier Joghurt

Für die Vanilleglasur:

1 Vanilleschote, Mark ausgekratzt
100 g Puderzucker
2 EL laktosefreie Milch oder Pflanzenmilch nach Wahl
½ TL Vanilleextrakt

Ich wollte unbedingt mal versuchen, Scones zu backen. Das ist normalerweise gar nicht so einfach, denn wenn sie wollen, können sie recht launisch sein und werden leicht zu fest oder zu kuchenähnlich in ihrer Konsistenz. Ich denke aber, dieses Rezept und meine Methode sind ziemlich gut geeignet, um glutenfreie Scones mit einer tollen Konsistenz herzustellen. Und der Duft nach Vanille ist einfach unwiderstehlich – schon allein dafür lohnt sich das Backen!

ZUBEREITUNG

Den Backofen auf 200 °C (Umluft: 180 °C, Gas: Stufe 3) vorheizen. Ein Backblech mit Backpapier auslegen und mit etwas glutenfreiem Mehl bestäuben. Beiseitestellen.

Für den Teig alle trockenen Zutaten und das ausgekratzte Mark der Vanilleschote in der Küchenmaschine oder mit dem Handrührgerät vermischen.

Die kalten Butterwürfel hinzufügen und kurz unterarbeiten, bis die Butterstückchen nur noch die Größe von Erbsen haben. 2 Eier, Joghurt und Vanilleextrakt dazugeben und alles kurz zu einem einheitlichen, festen Teig verarbeiten.

Den Teig zu einer Kugel formen, auf das vorbereitete Backblech legen und mit bemehlten Händen zu einem etwa 2,5 cm dicken Kreis formen.

Eine runde Ausstechform in Mehl tauchen, vorsichtig aus dem Teig 8 Kreise ausstechen und die Teigreste entfernen. (Alternativ die Teigscheibe in 8 gleich große Spalten schneiden und für ein wenig Platz zwischen den Spalten sorgen, damit sie gleichmäßig backen können.)

Die Oberfläche der so entstandenen Scones mit dem restlichen, verquirlten Ei bestreichen und nach Belieben mit etwas zusätzlichem Zucker bestreuen.

Im vorgeheizten Ofen ca. 15 Minuten backen, bis die Oberfläche schön goldbraun ist und ein Spieß, der in die Mitte gesteckt wird, sauber herausgezogen werden kann. Die Scones zum Auskühlen 15 Minuten auf ein Kuchengitter legen.

Für die Glasur das ausgekratzte Mark der Vanilleschote mit Puderzucker, Milch und Vanilleextrakt in einer kleinen Schale verrühren. Die Glasur soll

Tipp

Alternativ können Sie auch weniger Vanille verwenden und die Glasur weglassen. Dann eignen sich die Scones perfekt als Untergrund für wunderbar süß-saure Zitronencreme.
Sie können übrigens die Glasur auch einfach mit einem Löffel auf die Scones träufeln, wenn Sie sich die kleine Mühe mit dem Gefrierbeutel nicht machen möchten.

fest genug sein, dass sie nicht an den Rändern von den Scones herunterläuft, aber flüssig genug, dass sie sich träufeln lässt.

Die Vanilleglasur in einen kleinen Gefrierbeutel füllen. Den Beutel verschließen und ein kleine Ecke abschneiden. Nun die Vanilleglasur in einem Zickzackmuster auf die Scones träufeln. Die Glasur einige Minuten fest werden lassen, dann die Scones sofort verzehren oder nach dem vollständigen Auskühlen in einem luftdicht abschließenden Behälter aufbewahren.

Cremiger Erdbeer-Käsekuchen

Papaya-Limetten-Salat mit Macadamias

Rhabarber-Polenta-Kuchen

Kardamom-Milchreis aus dem Backofen

Karotten-Schichttorte mit Frischkäsefüllung

Zitronen-Minze-Kuchen

Köstliche Desserts

Es gibt nichts Besseres, als eine Mahlzeit mit einem traumhaften Nachtisch abzuschließen – vor allem, wenn Sie ihn selbst zubereitet haben. Es ist heutzutage wesentlich einfacher, einen weizenfreien Kuchen oder ein laktosefreies Dessert im Supermarkt zu kaufen – doch sie sind häufig unglaublich teuer und enthalten außerdem eine Menge künstlicher Zutaten und hinterhältiger FODMAPs.

Dabei müssen selbst gemachte, FODMAP-freundliche Desserts weder kompliziert noch zeitaufwendig sein. Viele der in diesem Kapitel vorgestellten Rezepte enthalten nur wenige Zutaten – und wenn es in einigen Fällen doch ein paar mehr sind, haben Sie vermutlich viele der Zutaten ohnehin immer zu Hause.

Beim Kochen und Backen ohne FODMAP-reiche Zutaten wie Weizenmehl und bestimmte Milchprodukte musste ich lernen, wie alternative Fette und Mehlsorten verwendet werden, um köstliche Leckereien herzustellen. Die folgenden Rezepte konzentrieren sich nicht nur auf den leckeren Geschmack, sondern enthalten auch viel Gutes wie zum Beispiel unraffinierte Fette wie Kokosöl und von Natur aus glutenfreie Mehlsorten wie Buchweizenmehl.

Besonders gut kommt meine Karotten-Schichttorte mit Frischkäsefüllung (Seite 218) an. Serviert mit viel Creme und garniert mit essbaren Blüten, ist ein begeisterter Chor der »Ohs« und »Ahs« am Tisch fast schon garantiert. Auch ein guter Crumble (Seite 207) kann Jubel auslösen: ein schönes Grundrezept, das Sie ganz an Ihre eigenen Wünsche anpassen können.

Ein Klassiker der alten Schule wird auf Seite 210 aufpoliert: cremiger Kardamom-Milchreis mit exotisch-orientalischer Note. Servieren Sie ihn heiß oder kalt, mit gerösteten Kokosflocken bestreut – eine köstliche Leckerei.

Wenn die Temperaturen draußen steigen, bietet sich das erfrischende Melonensorbet auf Seite 213 an. Dafür benötigen Sie lediglich eine Handvoll Zutaten, und mit essbaren Blüten bestreut macht dieses einfache Dessert auch optisch viel her – und es schmeckt genauso gut, wie es aussieht. Papaya-Limetten-Salat mit Macadamias (Seite 214) mit Joghurt, Nüssen und Limette ist an sonnigen Tagen ebenfalls ganz wunderbar.

Wenn Ihnen der Sinn nach Kuchen steht, wertet mein Rhabarber-Polenta-Kuchen (Seite 204) jede Tafel auf, insbesondere in Kombination mit laktosefreier Sahne. Beim Käsekuchen (Seite 202) habe ich darauf geachtet, dass die Nussmengen im FODMAP-freundlichen Rahmen bleiben. Es spricht also nichts gegen diesen Nachtisch mit seiner verführerischen Kombination aus Erdbeeren und sahniger Creme, und Sie müssen sich keine Sorgen um Ihren Darm machen.

Sie sehen: Solange Sie bereit sind, ein wenig zu experimentieren, müssen FODMAP-arme Desserts nicht langweilig sein. Bei Kreationen, die Nüsse in irgendeiner Form enthalten, sollten Sie lediglich darauf achten, sich an die vorgeschlagenen Portionsgrößen zu halten, oder nur die Menge essen, von der Sie wissen, dass Sie sie vertragen – auch wenn Sie vielleicht gerne einen Nachschlag genießen würden.

Beeren-Rosmarin-Galette

6 PORTIONEN

ZUTATEN

Für den Teig:

90 g Haferflocken
60 g Buchweizenmehl
¼ TL Meersalz
75 g laktosefreie Butter, sehr kalt
2 EL Ahornsirup

Für die Füllung:

125 g Himbeeren
125 g Heidelbeeren
2 EL Reismehl
2 EL Ahornsirup
1 TL reiner Vanilleextrakt
abgeriebene Schale von 1 Bio-Zitrone
1 TL frische Rosmarinnadeln

Hier übernimmt die Küchenmaschine fast die ganze Arbeit: Sie müssen lediglich den Teig ausrollen und die Galette zusammensetzen. Passen Sie die Fruchtfüllung den saisonalen Gegebenheiten an (Seite 41) und experimentieren Sie mit verschiedenen Kräutern und Gewürzen, um leckere Aromakombinationen zu finden. Süß, aromatisch und etwas scharf – Basilikum schmeckt beispielsweise lecker zu Erdbeeren. Wenn Sie dieses Dessert für mehr Portionen herstellen wollen, verdoppeln Sie einfach die Zutatenmengen für Teig und Füllung.

ZUBEREITUNG

Die Haferflocken in die Küchenmaschine oder den Mixer füllen und fein mahlen, sodass sie Mehl ähneln. Buchweizenmehl und Meersalz hinzufügen und vermischen.

Die Butter grob zerteilen und Stück für Stück hinzufügen. Verrühren, bis eine sandige Konsistenz entsteht. Den Ahornsirup unterrühren, dann bei laufender Küchenmaschine esslöffelweise 60 ml eiskaltes Wasser zugeben, bis ein einheitlicher Teig entsteht. (Möglicherweise wird nicht die gesamte Wassermenge benötigt – lieber geduldig sein und nicht zu viel Wasser auf einmal dazugeben!)

Den Teig auf ein Stück Frischhaltefolie legen und kneten, bis er geschmeidig ist. Zu einer dicken Scheibe formen, in die Frischhaltefolie einwickeln und für mindestens 30 Minuten in den Kühlschrank legen.

Während der Teig ruht, die Füllung zubereiten: die Beeren vorsichtig in einer Schüssel mit Reismehl, Ahornsirup, Vanille, Zitronenschale und Rosmarin mischen. Beiseitestellen.

Den Backofen auf 180 °C (Umluft: 160 °C, Gas: Stufe 2–3) vorheizen und ein Backblech bereitstellen. Den Teig auswickeln, auf ein großes Stück Backpapier legen und etwa 3 mm dünn ausrollen. (Er sollte dabei so rund wie möglich bleiben. Überstehender Teig kann weggeschnitten werden, aber ich mag es, wenn die Ränder ungleichmäßig sind.)

Die Beeren-Füllung auf dem Teig verteilen und die Ränder in beliebiger Form darüberklappen. Mit dem Backpapier auf das Backblech heben und die Galette in den Ofen schieben. 30–35 Minuten backen, bis der Teig goldbraun und knusprig ist und das Obst Blasen wirft. Vor dem Anschneiden etwas abkühlen lassen.

Zitronen-Minze-Kuchen

8–10 SCHEIBEN

ZUTATEN

Für den Teig:

80 ml Olivenöl, plus ein wenig zum Einfetten
3 Eier
160 g brauner Zucker
Saft und abgeriebene Schale von 2 Bio-Zitronen
190 g Polenta (Maisgrieß)
45 g gemahlene Mandeln
30 g Buchweizenmehl
½ TL Salz
1 ½ TL glutenfreies Backpulver
1–2 EL Minze, fein gehackt

Für den Sirup:

50 g brauner Zucker
Saft von 1 Zitrone

Die leichte, frische und schwungvolle Minze wird hier mit Zitrone kombiniert, um das Aroma auf ein neues Niveau zu heben. Durch die Verwendung von Buchweizenmehl kann die Menge an Mandeln reduziert werden, sodass der Kuchen weniger FODMAPs enthält. Außerdem habe ich Olivenöl anstelle von normaler Butter genommen. Träufeln Sie den Sirup über den noch warmen Kuchen, damit er besser einziehen kann.

ZUBEREITUNG

Den Backofen auf 150 °C (Umluft: 130 °C, Gas: Stufe 1–2) vorheizen und eine Kastenform (mit 900 g Fassungsvermögen, ca. 23 x 13 x 7 cm) mit ein wenig Olivenöl einfetten.

Die Eier in eine große Schüssel schlagen, den Zucker hinzufügen und ungefähr 4 Minuten verrühren, bis eine helle Creme entsteht. Unter ständigem Schlagen langsam das Olivenöl dazugießen, bis es vollständig eingearbeitet ist. Die Zitronenschale unterrühren.

In einer zweiten Schüssel Polenta, Mandeln, Buchweizenmehl, Backpulver und Salz mischen. Diese Mischung nach und nach über Eier und Zucker sieben. Zitronensaft hinzufügen und alles zu einem Teig verrühren.

Die Minzeblätter mit etwas Buchweizenmehl bestäuben (das verhindert, dass sie zu sehr an die Oberfläche steigen), in die Schüssel geben und vorsichtig unter den Teig rühren.

Den Teig in die vorbereitete Kastenform füllen (er sollte die Form etwa bis zur halben Höhe füllen) und im vorgeheizten Ofen 40–45 Minuten backen, bis ein hineingesteckter Spieß sauber wieder herauskommt.

Für den Sirup den Zucker zusammen mit Zitronensaft und 35 ml Wasser in einem kleinen Topf auf mittlerer Stufe erhitzen, dabei gelegentlich umrühren, bis der Zucker sich aufgelöst hat. Die Hitze steigern und 4 Minuten kochen lassen, bis die Masse ein wenig reduziert und sirupartig wird. Vom Herd nehmen.

Den Kuchen aus dem Ofen nehmen und kurz in der Form abkühlen lassen. Lauwarm aus der Form nehmen, auf ein Kuchengitter setzen, das auf einem Backblech oder einem Tablett steht.

Mit einem Spieß Löcher in die Oberfläche des warmen Kuchens stechen. Den Zitronensirup über den Kuchen gießen und einziehen lassen. Nach Belieben mit Zitronenscheiben, Zitronenschale und Minzeblättern garnieren.

Cremiger Erdbeer-Käsekuchen

12 STÜCKE

ZUTATEN

Für den Boden:

100 g Haferflocken
125 g Paranüsse (über Nacht oder mindestens 5 Stunden eingeweicht)
¼ kleine reife Banane
½ TL Meersalz
2 EL Kokosöl, geschmolzen
2 EL Ahornsirup

Für die Füllung:

240 g rohe Macadamia-Nüsse (über Nacht oder mindestens 5 Stunden eingeweicht)
100 g Kokosöl, geschmolzen
1 Banane, geschält und in Stücke geschnitten
240 g stichfester laktosefreier Naturjoghurt
120 ml Zitronensaft
150 ml Ahornsirup
450 g Erdbeeren, gewaschen und geputzt
2 TL reiner Vanilleextrakt oder
1 Vanilleschote, Mark ausgekratzt

Zum Garnieren:

nach Belieben Erdbeeren, Nussblättchen und getrocknete Rosenblätter

Jeder vegane Käsekuchen, der mir in Rezepten begegnet ist, sieht toll aus. Doch es werden immer Cashewkerne für die Füllung verwendet, die große Mengen an Sacchariden und Fruktanen enthalten, also eindeutig nicht FODMAP-arm sind. Diesen Käsekuchen habe ich stattdessen mit FODMAP-freundlichen Macadamianüssen hergestellt, die eine ebenso cremige Konsistenz ergeben und meiner Ansicht nach sogar ein noch feineres Aroma liefern. Bananen helfen, den Boden und die Füllung zu binden, sodass keine FODMAP-reichen Datteln benötigt werden. Und das Ergebnis schmeckt einfach genial.

ZUBEREITUNG

Eine kleine Springform (20 cm Durchmesser) mit Backpapier oder Frischhaltefolie auslegen – dadurch ist es nachher deutlich einfacher, den fest gewordenen Käsekuchen zu transportieren.

Alle Zutaten für den Boden in einer Küchenmaschine oder im Mixer so lange zerkleinern, bis eine klebrige, krümelige Mischung entsteht. Diese Mischung auf dem Boden der vorbereiteten Springform verteilen und mit der Rückseite eines Löffels oder mit den Fingern festdrücken. Ins Gefrierfach stellen.

Für die Füllung die eingeweichten Macadamianüsse abgießen und abspülen. Mit Kokosöl, Banane, Joghurt, Zitronensaft und Ahornsirup in der Küchenmaschine oder im Mixer pürieren, bis eine geschmeidige Creme entsteht.

Die Hälfte der Mischung auf dem Boden in der Springform verteilen und glatt streichen. Die Hälfte der Erdbeeren in Scheiben schneiden, darauflegen und leicht in die Creme hineindrücken. Die Springform mindestens weitere 30 Minuten ins Gefrierfach stellen.

Die restlichen Erdbeeren, die übrige Creme und die Vanille in der Küchenmaschine oder im Mixer kurz durchpürieren, sodass eine einheitliche, rosafarbene Creme entsteht.

Den Käsekuchen aus dem Gefrierfach holen. Die Erdbeercreme auf die Cremeschicht streichen. Dann den Kuchen für mindestens 2 Stunden wieder ins Gefrierfach stellen, bis die obere Cremeschicht fest ist.

Den Käsekuchen 5–10 Minuten vor dem Servieren aus dem Gefrierfach holen, so lässt er sich leichter schneiden. Nach Belieben mit Erdbeeren, Nüssen und Rosenblättern dekorieren. In Stücke teilen und genießen.

Rhabarber-Polenta-Kuchen

8 STÜCKE

ZUTATEN

etwas Kokosöl für die Form
120 ml Mandelmilch
½ TL Apfelessig
120 g Polenta (Maisgrieß)
65 g gemahlene Mandeln
55 g Vollreismehl
2 TL glutenfreies Backpulver
½ TL Backnatron
½ TL Meersalz
150 g brauner Zucker
120 ml natives Olivenöl extra
2 Eier
1 TL reiner Vanilleextrakt
150 g Rhabarber, geputzt und zerkleinert

Mit diesem Kuchen können Sie Herzen erobern. Toll schmeckt dazu ein wenig frische, laktosefreie Sahne oder ein Klecks laktose- oder milchfreier Joghurt – beides passt wunderbar zu der leichten Säure des Rhabarbers.

ZUBEREITUNG

Den Backofen auf 180 °C (Umluft: 160 °C, Gas: Stufe 2–3) vorheizen, eine kleine Springform (20 cm Durchmesser) mit Backpapier auslegen und mit etwas Kokosöl einfetten.

Die Mandelmilch mit dem Apfelessig verrühren und 5 Minuten stehen lassen.

In einer großen Schüssel Polenta, gemahlene Mandeln, Mehl, Backpulver, Natron und Salz mischen.

Zucker, Olivenöl, die Milch-Essig-Mischung, Eier und Vanille verrühren. Zur Polenta-Mischung gießen und vorsichtig ein paar Mal umrühren. Die Rhabarberstücke mit etwas zusätzlichem Reismehl bestäuben, damit sie nicht aneinanderkleben, dann kurz unter die Mischung rühren.

Den Teig in die vorbereitete Form füllen und im vorgeheizten Ofen 45–50 Minuten backen, bis er aufgegangen ist und sich bei Berührung fest anfühlt. Ungefähr 10 Minuten in der Form auskühlen lassen, dann herausnehmen.

Tipps

Durch den Rhabarber bleibt dieser Kuchen ziemlich saftig, sollte aber auch möglichst rasch aufgegessen werden.

Der Mix aus Mandelmilch und Apfelessig ergibt eine Art laktosefreie, vegane Buttermilch, die Sie überall dort einsetzen können, wo sonst herkömmliche Buttermilch verwendet wird.

Wenn Sie lieber Muffins backen möchten, teilen Sie den Kuchenteig einfach auf 10–12 Papierförmchen auf und backen die Muffins 15–20 Minuten.

Kleine Quinoa-Crumbles mit Erdbeeren und Rhabarber

ERGIBT 4–6 PORTIONEN

ZUTATEN

- Kokosöl für die Förmchen
- 200 g Rhabarber, gewaschen und geputzt
- 400 g Erdbeeren, gewaschen und geputzt
- Saft von ½ Limette
- 6 EL Ahornsirup
- 140 g glutenfreie Haferflocken
- 45 g Quinoaflocken
- 65 g Walnüsse, gehackt
- 2 TL Zimt
- 3 EL Kokosöl, geschmolzen
- 1 TL reiner Vanilleextrakt
- 1 EL brauner Zucker zum Bestreuen (optional)
- laktosefreie Sahne zum Servieren (optional)

Dieser Nachtisch ist ebenso köstlich wie einfach. Crumbles sind eine wunderbare Möglichkeit, um FODMAP-armes Obst wie die köstliche Kombination von Erdbeeren und Rhabarber zu genießen. Es sind keine besonderen Geräte vonnöten, und es ist nur sehr wenig Vorbereitung erforderlich. Tauschen Sie bei diesem narrensicheren Dessert das Obst ruhig durch andere Früchte (Seite 41) aus, je nach Saison. Der Crumble eignet sich auch super für einen Brunch.

ZUBEREITUNG

Den Backofen auf 180 °C (Umluft: 160 °C, Gas: Stufe 2–3) vorheizen. 8–10 kleine ofenfeste Förmchen mit etwas Kokosöl einfetten und beiseitestellen.

Rhabarber und Erdbeeren in Stücke schneiden. Mit dem Limettensaft und 2 EL Ahornsirup mischen und in den Förmchen verteilen.

Hafer- und Quinoaflocken, Walnüsse sowie Zimt in einer großen Schüssel mischen. Das Kokosöl, den restlichen Ahornsirup und den Vanilleextrakt unterrühren. Die so entstandenen Streusel über das Obst krümeln und nach Geschmack mit etwas braunem Zucker bestreuen.

Die Förmchen in den vorgeheizten Ofen stellen und 25–30 Minuten backen, bis die Streusel goldbraun werden und das Obst Blasen wirft. Noch warm mit einem großzügigen Klecks laktosefreier Sahne servieren.

Tipps

Wenn Sie keine Quinoaflocken zur Hand haben, nehmen Sie einfach nur Haferflocken.

Sie können den Crumble natürlich auch in einer großen Quicheform statt in den kleinen Förmchen zubereiten. Eventuell verlängert sich dadurch die Backzeit um ein paar Minuten.

Schokoladentarte mit Chiaboden

12 STÜCKE

ZUTATEN

Für den Teig:

etwas Kokosöl zum Einfetten der Form
150 g glutenfreie Mehlmischung (Seite 45)
100 g Buchweizenmehl
40 g Chiasamen
½ TL Meersalz
1 Ei
30 g laktosefreie Butter, geschmolzen

Für die Füllung:

150 ml Mandelmilch
75 g brauner Zucker
1 EL Tapiokamehl
250 g Bitterschokolade (70 %)
1 Prise Meersalz
1 TL reiner Vanilleextrakt

Ich finde, dass die Tarte einfach himmlisch schmeckt. Chiasamen fungieren zusammen mit dem Ei als Bindemittel und halten bei diesem Dessert, das jedem feinen Menü zur Ehre gereicht, alles zusammen. Nichts sieht nach einem Verzicht auf bestimmte Lebensmittel aus oder schmeckt danach, doch Sie können sich trotzdem darauf stürzen, ohne dass Ihr Darm anschließend rebellieren wird. Die Tarte muss vor dem Servieren mindestens 5 Stunden kalt gestellt werden – bereiten Sie sie also im Voraus bw. schon am Vorabend zu und entspannen Sie sich dann, bevor Ihre Gäste kommen.

ZUBEREITUNG

Den Backofen auf 180 °C (Umluft: 160 °C, Gas: Stufe 2–3) vorheizen und eine runde Tarteform mit 20 Zentimetern Durchmesser leicht einfetten.

In einer Rührschüssel beide Mehlsorten, Chiasamen und Meersalz mischen. Das Ei verquirlen und zusammen mit der geschmolzenen Butter zu den trockenen Zutaten gießen. Mit einem Holzlöffel verrühren und dann mit den Händen kneten, bis ein einheitlicher Teig entsteht.

Den Boden und Rand der Tarteform mit Teig auslegen. Den Boden mehrmals mit einer Gabel einstechen, dann die Form in den Ofen stellen und den Boden ca. 15 Minuten goldbraun backen. Aus dem Backofen nehmen und leicht abkühlen lassen.

Für die Füllung die Milch in einem kleinen Topf mit 200 ml Wasser und Zucker auf niedriger Stufe erhitzen. Ein paar Esslöffel davon abnehmen und das Tapiokamehl damit in einer kleinen Schale glatt rühren. Zurück in den Topf geben und einmal aufkochen. Vom Herd nehmen.

Die Schokolade in Stücke brechen. In die heiße Milch geben und unter Rühren schmelzen, bis eine cremige Mischung entsteht. Salz und Vanilleextrakt unterrühren. Die Füllung in die Tarteform gießen. Die Form in den Kühlschrank stellen und die Füllung in mindestens 5–6 Stunden fest werden lassen.

Kardamom-Milchreis aus dem Backofen

4–6 PORTIONEN

ZUTATEN

25 g laktosefreie Butter
150 g Milchreis
10 Kardamomkapseln, leicht zerdrückt
50 g brauner Zucker
1 l laktosefreie Milch oder Reismilch
geröstete Kokoschips, zum Servieren

Milchreis wird eindeutig unterschätzt. Denn trotz bescheidener Zutaten und minimalem Aufwand ergibt zumindest dieses Rezept ein geradezu göttliches Dessert. Seine cremige Perfektion ist so bezaubernd, dass niemand sich wundern wird, wenn Sie diesen Milchreis sogar zum Frühstück essen.

ZUBEREITUNG

Den Backofen auf 150 °C (Umluft: 130 °C, Gas: Stufe 1–2) vorheizen und eine ofenfeste Form mit einem Fassungsvermögen von 1,5 l mit 5 g Butter einfetten.

Reis, Kardamomkapseln und Zucker hineinfüllen. Die Milch unterrühren, die übrige Butter in Flöckchen darauf verteilen. In den Backofen schieben und 30 Minuten garen. Einmal umrühren, dann zurück in den Ofen stellen und weitere 30 Minuten garen.

Den Milchreis nochmals umrühren und für 1 Stunde zurück in den Backofen schieben, bis der Reis weich und cremig ist. Nach Belieben heiß oder abgekühlt mit Kokoschips servieren.

Melonensorbet

6 PORTIONEN

ZUTATEN

700 g Honigmelone (ungefähr 1 große Melone), zerkleinert und gefroren
1 EL Limettensaft
4 EL Ahornsirup
getrocknete, essbare Blüten, zum Dekorieren

Dieses Melonensorbet ist wunderbar einfach, erfrischend und im Handumdrehen servierfertig – ebenso wie das Eis auf Bananenbasis (Seite 217). Sie müssen dafür lediglich die Melone in Stücken einfrieren und zusammen mit Limettensaft, Ahornsirup und ein wenig Wasser in der Küchenmaschine pürieren, bis eine dicke, cremige Mischung entsteht. Sofort mit getrockneten Blüten bestreuen und servieren oder für später einfrieren. Wenn Sie die getrockneten Blüten von Kornblumen finden, ist das besonders schön, denn deren blaue Farbe bildet einen hübschen Kontrast zum Melonensorbet.

ZUBEREITUNG

Das gefrorene Melonenfruchtfleisch mit Limettensaft und Ahornsirup in der Küchenmaschine oder in einem Mixer pürieren, bis eine geschmeidige Masse entsteht.

In vorgekühlte Schälchen geben und sofort mit Blüten garniert servieren.

Tipp

Falls vom Sorbet etwas übrigbleibt: einfach im Gefrierfach aufheben. Vor dem Genuss etwas antauen lassen, einmal mit dem Mixstab durch pürieren und servieren.

Papaya-Limetten-Salat mit Macadamias

4 PORTIONEN

ZUTATEN

2 kleine Papayas
50 g Macadamianüsse
450 g laktose- oder milchfreier Joghurt
abgeriebene Schale von 1 Bio-Limette
evtl. 2 Bio-Limetten zum Garnieren

Papayas sind reich an Ballaststoffen, Wasser und natürlich vorkommenden Verdauungsenzymen. Deshalb bietet es sich an, diese Früchte zur Unterstützung der Verdauung in Ihren Speiseplan aufzunehmen. Außerdem sind sie FODMAP-arm! Dieser Obstsalat ist sehr einfach, sieht aber schön aus und schmeckt hinreißend frisch.

ZUBEREITUNG

Die Papayas waschen, trocken tupfen und der Länge nach halbieren. Mit einem Esslöffel die Samen herausholen.

Die Macadamianüsse in einem Mörser leicht zerstoßen oder im Mixer grob hacken.

Joghurt in die ausgehöhlten Papayahälften geben. Nüsse und Limettenschale darüberstreuen. Nach Belieben mit in Spalten geschnittenen Limetten servieren.

Grillbananen mit Karamellsoße

6 PORTIONEN

ZUTATEN
6 Bananen
60 g Pekannüsse, zerkleinert
120 g Ritterschokolade, in Stücke gebrochen
60 g Kokosflocken

Für die Karamellsoße:
3 EL Ahornsirup
2 EL brauner Zucker
2 EL laktose- oder milchfreie Butter
3 EL laktose- oder milchfreie Sahne

Tipp

Wenn Sie nicht wild darauf sind, Ihren Grill zu verwenden, können Sie die Bananen stattdessen auch im Backofen zubereiten. Dazu den Backofen auf 200 °C (Umluft: 180 °C, Gas: Stufe 3) vorheizen. Verfahren Sie wie in der Rezeptanleitung beschrieben, doch legen Sie die in Folie eingewickelten Bananen auf ein Backblech. Lassen Sie die Bananen 25 Minuten im heißen Ofen, bis die Schale schwarz und das Fruchtfleisch weich und klebrig ist.

Lassen Sie mich Ihnen Ihren neuen Lieblingssommernachtisch vorstellen. Ich weiß nicht mehr, wie oft ich diese Bananen zubereitet habe: Sie sind ein wirklich toller Nachtisch, wenn Freunde kommen oder die Familie zu Besuch ist. Stellen Sie einfach eine große Schale mit Bananen bereit, kleinere Schalen mit verschiedenen Zutaten zum Kombinieren und etwas Alufolie – dann können Ihre Gäste sich ihr Dessert ganz nach ihren eigenen Wünschen gestalten. Werfen Sie die Bananen auf den Grill und garen Sie diese mit der Restwärme. Ich denke, Sie werden Spaß damit haben.

ZUBEREITUNG

Die Bananen in der Mitte der Länge nach einschneiden, allerdings nicht ganz bis zu den Enden. Die Bananen mit Zutaten nach Wahl füllen – Pekannüsse, Schokolade oder Kokosraspeln.

Die gefüllten Bananen einzeln fest in dicke Alufolie einwickeln. Auf dem Grill backen, dabei gelegentlich wenden. Je nach Hitze des Grills sollte es etwa 10–15 Minuten dauern, bis die Bananen weich sind. (Zum Prüfen die Alufolie öffnen und vorsichtig mit einer Gabel einstechen.)

Ahornsirup, Zucker, Butter und Sahne zusammen in einem kleinen Topf erhitzen, bis der Zucker aufgelöst und die Butter geschmolzen ist.

Die fertigen Bananen auf Teller legen, aus der Alufolie wickeln und entweder aus der Schale löffeln oder die Schale entfernen und die Banane auf den Teller legen. Mit der Karamellsoße übergießen.

Erdnussbutter-Eis mit Meersalz

3–4 PORTIONEN

ZUTATEN

4 reife Bananen
2 EL Ahornsirup
3 EL Erdnussbutter
60 ml Mandelmilch
½ TL grobes Meersalz

Vor ein paar Jahren machte ich eine unvergessliche Reise nach Miami, wo ich eine traumhafte milchfreie Eisdiele fand. Nachdem ich viel zu viel Zeit mit der Qual der Wahl einer Eissorte verbracht hatte, entschied ich mich schließlich für »Erdnussbutter«. Es war die bestmögliche Wahl: Ich aß das Eis auf einer Bank hockend mit geschlossenen Augen auf, während mein Freund entspannt dalag und nichts tat (es ist ja so heiß dort unten!). Dies ist meine einfache und vermutlich auch gesündere Variante dieser sündhaft guten Eiscreme.

ZUBEREITUNG

Die Bananen schälen und in kleine Stücke schneiden. In einen Gefrierbeutel oder in eine Gefrierdose geben und über Nacht einfrieren.

Die gefrorenen Bananenstücke mit Ahornsirup, Erdnussbutter, Mandelmilch und Salz im Mixer pürieren. Sofort servieren oder in eine gefrierfeste Dose füllen und später genießen.

Tipp

Sie hätten es gern ein bisschen weniger gehaltvoll? Dann ersetzen Sie die Erdnussbutter einfach durch 1 TL reinen Vanilleextrakt!

Karotten-Schichttorte mit Frischkäsefüllung

ERGIBT 8–10 STÜCKE

ZUTATEN

Für den Boden:

Kokosöl zum Fetten der Formen
410 g glutenfreie Mehlmischung (Seite 45)
2 ½ TL glutenfreies Backpulver
1 TL Backnatron
4 TL Zimtpulver
1 TL geriebene Muskatnuss
½ TL Salz
4 Eier
320 ml Olivenöl
1 TL reiner Vanilleextrakt
175 g brauner Zucker
4 Karotten, geschält und geraspelt
85 g Ananas, zerdrückt
75 g Pekan- oder Walnüsse, gehackt
50 g Kokosflocken

Für die Creme:

500 g laktosefreier Frischkäse, zimmerwarm
6 EL laktosefreier Joghurt (möglichst stichfest)
80 ml Ahornsirup oder 100 g Puderzucker
2 TL reiner Vanilleextrakt

Diese Torte kommt bei uns zu Geburtstagen und allen Arten von Feierlichkeiten auf den Tisch. Ich habe noch nie jemanden getroffen, der keinen Karottenkuchen mag; und wenn Sie doch jemanden kennen, wird dieses Rezept die Person möglicherweise umstimmen. Denn die Schichttorte steckt voller Gewürze und leckeren Extras wie Ananas und Kokosflocken und macht aus dem Klassiker einen FODMAP-freundlichen Publikumsliebling.

ZUBEREITUNG

Den Backofen auf 180 °C (Umluft: 160 °C, Gas: Stufe 2–3) vorheizen und 2 runde Springformen mit 20 Zentimetern Durchmesser mit etwas Kokosöl einfetten.

In einer großen Schüssel Mehl, Backpulver, Natron, Zimt, Muskatnuss und Salz mischen. In einer zweiten Schüssel Eier, Olivenöl, Vanilleextrakt und braunen Zucker zu einer cremigen Mischung verrühren.

Die Mehlmischung langsam nach und nach unter die Creme rühren, sodass ein glatter Teig entsteht. Die Karotten in einem sauberen Küchentuch gut ausdrücken, um überschüssige Feuchtigkeit zu entfernen.

Nacheinander die ausgedrückten Karottenraspel, Ananas, Nüsse und Kokosnuss unter den Teig rühren. Den Teig in die vorbereiteten Formen füllen und glatt streichen.

Die Teigböden nacheinander jeweils 35–40 Minuten im vorgeheizten Ofen backen, bis die Oberfläche bei Berührung zurückfedert und ein hineingesteckter Spieß beim Herausziehen sauber bleibt. Die Tortenböden in den Formen vollständig auskühlen lassen.

Für die Creme Frischkäse, Joghurt, Ahornsirup und Vanille glatt rühren. Bis zur Verwendung in den Kühlschrank stellen – dadurch dickt die Creme ein wenig ein.

Sobald die Böden ausgekühlt sind, einen davon mit der Hälfte der Füllung bestreichen und den anderen daraufsetzen. Die restliche Creme mit einer Palette auf dem oberen Teigboden verteilen. Nach Belieben mit einer Handvoll gehackter Nüsse verzieren und bis zum Anschneiden im Kühlschrank aufbewahren.

Tipp

Wenn Sie es besonders ausgefallen lieben, streuen Sie noch essbare Blüten auf die Torte.

Beispielmenüs

Ich hoffe, dass die Rezepte, die Sie eben gesehen haben, Ihnen nicht nur beweisen konnten, dass Nahrung gesund, köstlich und FODMAP-arm sein kann (ja, das geht wirklich!), sondern Sie auch inspiriert haben, das FODMAP-freundliche Leben auf andere Weise zu betrachten. Es muss weder kompliziert noch zeitaufwendig sein, und ich wollte Ihnen mit einigen Beispielen zeigen, wie einfach es ist, diese Rezepte in Ihren Alltag zu integrieren.

Sich anders ernähren zu müssen als die anderen und unter Lebensmittelunverträglichkeiten zu leiden, kann das Gefühl auslösen, etwas zu verpassen. Früher, wenn Freunde eine große Party organisierten, habe ich häufig für mich selbst etwas separat gekocht, weil ich nicht wollte, dass die anderen Gäste auf etwas verzichten mussten – die »guten Speisen«, Aroma und Konsistenz. Heute weiß ich: Das war die vollkommen falsche Herangehensweise.

Damit Sie loslegen und diese Rezepte an Ihre eigenen Bedürfnisse anpassen können, habe ich auf den folgenden Seiten einige meiner Lieblingsrezeptsammlungen zusammengestellt, damit Sie sich um nichts zu kümmern brauchen. Diese Rezepte werden sofort den Mythos widerlegen, dass die FODMAP-arme Küche langweilig schmeckt. Laden Sie Ihre Freunde und Familie ein, um allen die Freuden der FODMAP-freundlichen Küche zu präsentieren. So werden Ihre Gäste nicht nur bald erkennen, dass Speisen für einen empfindlichen Darm einfach, vielfältig und lecker sein können – vielleicht nehmen sie einige der Anregungen und Tipps für Kochrezepte sogar auf, für sich selbst oder für andere Personen, denen es ähnlich geht!

Sommerliche Party unter freiem Himmel

GERÖSTETE NORI-CHIPS MIT KAROTTEN-KREUZKÜMMEL-DIP (SEITE 122 UND 128)

VEGETARISCHE SUSHI-RÖLLCHEN (SEITE 113)

LAVENDEL-SHORTBREAD-KEKSE (SEITE 188)

Freunde, frische Luft, Sonne (oder Nieselregen), ein Ballspiel und dieser Aufstrich – dann bin ich glücklich. Natürlich kann ein Picknick eine langfristig geplante, wundervolle Angelegenheit sein, doch es gibt auch einfache Abendessen auf den letzten Drücker, die unter der Woche im Park stattfinden, bewaffnet mit einer Decke und einem Buch.

Geröstete Nori-Chips sind im Handumdrehen gemacht, eignen sich hervorragend zum Mitnehmen und stecken voller kräftiger Aromen. Besonders köstlich schmecken sie mit einem Berg Karotten-Kreuzkümmel-Dip. Passen Sie die Sushirollen-Füllung an das an, was Sie zu Hause gerade zur Hand haben, und schneiden Sie die Röllchen in kleinere Stücke, sodass sie noch leichter zu essen sind, wenn Sie vielleicht in der anderen Hand ein Sportgerät halten.

Zum Abschluss können Sie ein paar im Mund zart schmelzende Lavendel-Shortbread-Kekse genießen: butterig, mürbe und perfekt für die gemeinsame Mahlzeit.

Mädelsabend

BUCHWEIZENRISOTTO MIT MACADAMIACREME
(SEITE 142)

CREMIGER ERDBEER-KÄSEKUCHEN
(SEITE 202)

Ich serviere sehr gerne dieses Risotto, wenn meine Freundinnen da sind – da es mit Buchweizen zubereitet wird, dauert es nur zehn Minuten statt der sonst üblichen dreißig, sodass umso mehr Zeit bleibt, die ich außerhalb der Küche verbringen kann. Es ist üppig und wohltuend, und die Leute sind immer überrascht, wenn sie erfahren, dass es seine cremige Konsistenz nicht durch Butter, sondern durch Nüsse bekommt. Wenn Sie Zeit sparen möchten, können Sie die Macadamiacreme im Voraus zubereiten, damit sie gleich zur Hand ist, wenn sie gegen Ende der Kochzeit untergerührt werden soll.

Nach dem Risotto bietet sich der Erdbeer-Käsekuchen an – und schon haben Sie gewonnen. Sie können ihn bereits am Vormittag oder sogar am Vorabend zubereiten. Verzieren Sie ihn aber erst direkt vor dem Servieren mit frischen Erdbeeren, zerkleinerten Nüssen und Rosenblättern. Er sieht nicht nur bildschön aus, sondern schmeckt auch köstlich. Genau richtig für einen genussvollen Abend mit den Freundinnen!

Freitagabend zu Hause

BUCHWEIZENPIZZA MIT ZITRONEN-BASILIKUM-PESTO UND ZIEGENKÄSE (SEITE 90)

MEERSALZ-PEKANNUSS-BROWNIES (SEITE 178)

Mit einer Pizza können Sie am Freitagabend nichts falsch machen. Überhaupt können Sie mit Pizza nie etwas falsch machen, um ehrlich zu sein – insbesondere wenn sie wie diese voller grüner Köstlichkeiten steckt und für den Darm bekömmlich ist. Es ist einfach schön, sich nach einem langen Arbeitstag mit einem Stück Pizza in der Hand hinzusetzen.

Ich habe nur wenige Vorspeisen aufgenommen, um keine Zeit zu vertrödeln, doch die Desserts gleichen das wieder aus. Wenn Ihre Pizza fertig ist, holen Sie sie aus dem Backofen und reduzieren die Hitze. Dann stellen Sie ein paar Meersalz-Pekannuss-Brownies auf ein Backblech und schieben sie zum Aufwärmen in den Ofen. Sobald die Pizza aufgegessen ist, werden die Brownies warm, weich und verzehrbereit sein – entweder pur oder mit etwas leckerer, cremiger, kalter Bananeneiscreme (Seite 217 – Tipp).

Sonntagsessen

PARMESAN-POPCORN
MIT PFEFFER UND ROSMARIN
(SEITE 130)

WÜRZIG-SÜSSES PULLED PORK
MIT LIMETTE
(SEITE 166)

KARDAMOM-MILCHREIS
(SEITE 210)

Für mich ist das Sonntagsessen schon immer eine entspannte Angelegenheit gewesen und kommt erst gegen 18 Uhr nach einem langen Spaziergang auf den Tisch. Dieses tolle Menü können Sie zum Beispiel für ein Familientreffen zubereiten – insbesondere wenn einige Verwandten dieser Ernährungsweise skeptisch gegenüberstehen oder sie noch nicht kennen.

Das Parmesan-Popcorn mit Pfeffer und Rosmarin ist ein leckerer Snack, der zum Knabbern bereitstehen kann, während die Gäste auf die Hauptmahlzeit warten. Das Pulled Pork können Sie bereits am Morgen vorbereiten und einfach vergessen, während es vor sich hin gart. Inzwischen können Sie sich um alles andere kümmern. Da Sie den Bratensaft nutzen, wird auch niemand die übliche Soße vermissen, die normalerweise Weizen und Zwiebeln enthält.

Runden Sie das Menü mit einer Schale cremigem Kardamom-Milchreis ab, den Sie mit gerösteten Kokoschips bestreuen.

Entspannt für eine große Runde kochen

WÜRZIGE KARTOFFEL- UND KAROTTENSPALTEN MIT GESÜSSTEM JOGHURT-DIP (SEITE 140)

LAMM-KÖFTE MIT SALAT UND CREMIGEM ZAZIKI UND EINFACHE FLADENBROTE (SEITE 160)

RHABARBER-POLENTA-KUCHEN (SEITE 204)

Die Speisen dieses Menüs gehören zu den ungezwungenen Gerichten, bei denen sich jeder selbst bedient. Ich wuchs mit einer Vielzahl an Freunden der Familie auf, sodass es häufiger größere Einladungen gab. Ein Menü wie dieses ist für einen solchen Anlass perfekt geeignet, denn den Gästen wird es überhaupt nicht in den Sinn kommen, dass es FODMAP-freundlich sein könnte.

Wenn es sich um eine besondere Feier handelt, können Sie die Kartoffel- und Karottenspalten in separate Schalen füllen, sodass sie jeder nach Belieben mit süßem Joghurt-Dip, Granatapfelkernen und gehackten Korianderblättern essen kann. Die Köfte bereiten Sie entweder im Backofen oder draußen auf dem Grill zu. Verteilen Sie das Zaziki auf kleine Schüsseln und den Salat in Schalen. Die Fladenbrote legen Sie unter einem Geschirrtuch bereit, damit sie warm bleiben. Jeder nimmt sich einen Teller und füllt ihn nach Wahl – und die köstlichen Köfte kommen obendrauf. Als Nachtisch gibt es Rhabarber-Polenta-Kuchen mit reichlich (laktosefreier) Sahne. Bis auf den Kuchen ist dieses würzige Mahl vom Mittleren Osten inspiriert und wird jedem schmecken.

STRESS, HÄUFIGE FRAGEN UND TIPPS

Erinnern Sie sich noch, dass ich zu Beginn dieses Buches gesagt habe, dass unser Darm sehr eng mit dem Gehirn verbunden ist? Nicht umsonst nennen manche Mediziner mittlerweile unseren Darm auch »das zweite Gehirn« oder das »Bauchhirn«. Die Forschungen zu dieser Verbindung stehen erst am Anfang; da gibt es sicher noch viel Interessantes zu entdecken. Was wir aber jetzt schon wissen: Nicht nur die Ernährung hat für die Gesundheit unseres Darms eine wichtige Bedeutung; andere Lebensstilfaktoren und auch unsere Emotionen spielen höchstwahrscheinlich beim Umgang mit den Reizdarmsymptomen und für das Leben mit einem empfindlichen Darm eine große Rolle.

Es überrascht also nicht, dass Stress und Sorgen offenbar mit darüber entscheiden, ob unser Darm rebelliert. Leider, denn wenn beides zusammenkommt, fühlt man sich oft umso schlechter.

Das Leben ist oft anstrengend und manchmal hart. Arbeit, Hobbys, Sport, Freunde, Familie, Beziehung, Gesundheit … Ich will alles, und bei allem, was ich tue, möchte ich besonders gut sein. Ich will essen können, was ich möchte, aber auch aussehen, wie ich will, die bestmögliche Beziehung haben und meine Freunde und Familie immer sehen können. Doch alles zusammen, das klappt nun mal selten. Besser, wir sehen das ein, statt trotzdem ständig alle Wünsche und alle Verpflichtungen auf einmal erfüllen zu wollen und uns dabei abzuhetzen.

Denn bei diesem Versuch entsteht Stress, und der kann speziell bei Dauerbelastung fatale Folgen haben. Bei Stress produziert der Körper das Hormon Cortisol; der Cortisolspiegel erhöht sich. Wird das zum chronischen Zustand, hat das gravierende Auswirkungen auf das Gewicht, die Immunfunktion und – ja, klar – auch auf das Reizdarmsyndrom. Bevor wir also tiefer in dieses Kapitel eintauchen, möchte ich, dass alle, denen es ähnlich geht, einmal tief durchatmen … und AUFHÖREN, SICH SELBST MIT ANDEREN ZU VERGLEICHEN. Sie sind Sie, und Sie sind einzigartig. Sie sind einfach verdammt toll und haben ein geniales Leben. Seien Sie also nicht so hart zu sich selbst.

Im Laufe der Zeit habe ich versucht, die Art und Weise zu verändern, wie ich über meinen Darm und die immer wieder aufflammenden Symptome denke; und ich fände es klasse, wenn Sie das auch täten. Stellen Sie sich beides als eine Art Warnsystem vor, das Ihnen mitteilt, einen Gang runterzuschalten, wenn Sie versuchen, alles auf einmal zu machen, oder Ihnen klarmacht, dass Sie etwas gegessen haben, was Sie gerade nicht vertragen. Ihr Körper greift Sie nicht an, sondern hilft Ihnen stattdessen – hören Sie also auf ihn!

Jeder Mensch ist anders, doch hier finden Sie ein paar weitere Tipps und Praktiken, die beim Umgang mit einem empfindlichen Darm für mich hilfreich waren:

- Versuchen Sie, nicht zu viel zu essen. Heutzutage hört man häufig das Wort »Achtsamkeit«, und es ist heftiger Kritik ausgesetzt, doch ich muss zugeben, dass es sich um ein sehr sinnvolles Konzept handelt, wenn man es auf die Ernährung anwendet. Versuchen Sie, an einem Tisch sitzend zu essen, jegliche Ablenkung auszuschalten und Ihre Speisen bewusst und gut zu kauen. Ich bin gierig, weshalb mir manchmal auch der gute, alte Trick hilft, von kleineren Tellern zu essen – häufig sind die Portionen deutlich größer, als sie sein müssten. Wenn Sie eine große Menge schnell zu sich nehmen, wirkt sich das wirklich negativ auf Ihren Darm aus.
- Vermeiden Sie, mit Koffein allzu großzügig umzugehen. Ich liebe Kaffee, doch ich kann dessen Auswirkungen auf meinen Darm spüren, wenn ich zu viel davon zu mir nehme; und er sorgt auch dafür, dass ich mich unruhig fühle.
- Sorgen Sie für einen guten Nachtschlaf! Darin war ich schon immer schlecht, weshalb ich im Laufe der Jahre hart an mir arbeiten musste. Halten Sie sich mindestens eine Stunde vor dem Schlafengehen von Fernseher und PC fern: Es ist erwiesen, dass deren Licht den Schlaf behindern kann. Ich bin wirklich davon überzeugt, dass Schlaf der Schlüssel zu einem gesunden Darm und Geist ist.
- Yoga oder ein langer Spaziergang sind hervorragend, um Ihre Verdauung in Schwung zu bringen. Bei mir wirkt übrigens das Werkeln in der Küche mit meiner Mutter und Schwester in dieser Hinsicht ebenfalls hilfreich, warum auch immer.
- Wenn die innere Unruhe überhandnimmt, hilft es zumindest mir sehr, mich zur Beruhigung ein paar Minuten auf

meinen Atem zu konzentrieren. Probieren Sie es: Atmen Sie 1–2–3–4 Sekunden aus, halten Sie den Atem 1–2–3–4 Sekunden an, dann atmen Sie 1–2–3–4 Sekunden ein, halten den Atem für 1–2–3–4 Sekunden, und so weiter.
- Sprechen Sie mit anderen. Machen Sie sich bewusst, dass Sie nicht allein sind. Ich erinnere mich, wie ich in Facebook-Gruppen unterwegs war und es nicht glauben konnte, als ich Nachrichten von Menschen las, die still vor sich hin litten und nur im Internet in der Lage waren, darüber zu reden. Es wird Zeit, dass Sie Ihrem Darm eine höhere Priorität einräumen!

Viele Menschen finden, dass eine Kombination der oben aufgeführten Ratschläge zusammen mit einer FODMAP-freundlichen Ernährung eine gute Strategie ist, mit ihren individuellen Symptomen und Triggern umzugehen. Doch wenn Sie etwas anderes tun, das bei Ihnen funktioniert, und Ihr Arzt ist einverstanden, sollten Sie damit weitermachen.

HÄUFIGE FRAGEN

Ich habe hier versucht, einige der häufigsten Fragen zu beantworten, die mir meine tollen Blog-Leser stellen.

Was geschieht, wenn mir ein Malheur passiert und ich etwas esse, das ich meiden sollte?

Quälen Sie sich nicht. Das kann passieren. Wenn Sie infolgedessen unter Symptomen leiden, sollten Sie es leicht nehmen und in den nächsten paar Tagen besonders gut darauf achten, sich richtig zu ernähren. Und falls Sie etwas gegessen haben, das Sie für falsch hielten, aber sich tatsächlich nicht schlecht fühlen, könnte das sogar bedeuten, dass Sie dieses Lebensmittel vielleicht (wieder) in Ihren Speiseplan aufnehmen dürfen.

Auswärts zu essen ist problematisch, und ich scheue davor zurück, dem Personal im Restaurant meine Unverträglichkeiten zu erklären. Haben Sie einen Rat für mich, wonach ich Ausschau halten sollte oder wie ich Probleme vermeiden kann?

Es fühlt sich schrecklich an, wenn man mit seinen Freunden essen gehen möchte, auf die Speisekarte schaut und denkt: »Mist, ich finde hier gar nichts, was ich essen kann.« Doch wenn Sie generell versuchen, die ausgefallensten und zutatenreichsten Gerichte zu meiden, und sich stattdessen für einfachere Speisen entscheiden, wird das höchstwahrscheinlich gut gehen. Eine solche Auswahl kann das Risiko minimieren, dass das Gericht insgesamt zu viele FODMAP-reiche Lebensmittel enthält, die Ihr Darm nicht auf einmal verarbeiten kann.

Häufig spreche ich mit dem Koch über meine Unverträglichkeiten, bevor ich in einem Restaurant esse. Das ist nicht immer leicht, und es sind Geduld und Kompromisse erforderlich – doch Sie verdienen genauso ein leckeres, nahrhaftes Mahl wie jeder andere auch! Fühlen Sie sich also nicht schlecht, wenn Sie Fragen stellen und Ihre Situation erläutern! Ein glutenfreies Gericht ohne Zwiebeln oder Knoblauch ist eine vereinfachte Beschreibung der FODMAP-armen Ernährung, aber ich finde oft, dass dies die einfachste Möglichkeit ist, es zu erklären. Wenn Sie dies nicht in der Öffentlichkeit an dem Tag selbst tun wollen, ist es eine gute Idee, vorab anzurufen. Das gibt Ihnen nicht nur die Möglichkeit, in Ruhe mit dem Koch oder Restaurantpersonal zu sprechen, sondern erlaubt es diesen auch, zur Kenntnis zu nehmen, dass jemand mit Unverträglichkeiten kommt, sodass gegebenenfalls etwas Entsprechendes vorbereitet werden kann. In Restaurants werden Nahrungsmittelunverträglichkeiten mehr und mehr akzeptiert, und meistens ist man sehr darum bemüht, Ihnen zu helfen.

In aller Regel sollten Sie Küchen wie zum Beispiel die chinesische oder indische meiden, in denen es eine Menge dicker Soßen und kräftiger Aromen gibt. Bevorzugen Sie besser Restaurants, die Speisen aus dem Mittleren Osten oder Reisgerichte und Fisch anbieten. Auch die japanische Küche bietet sich für Genießer mit empfindlichem Darm an. Sie ist super lecker und sehr gesund – mit schlichtem Sushi mit Salatgurke und frischem Fisch wie Lachs, Thunfisch oder Zander können Sie wenig falsch machen. Allerdings sollten Sie kein Sushi mit Avocado essen!

An einem Tag kann ich ein Lebensmittel mit einem mittleren FODMAP-Gehalt zu mir nehmen, und es geht mir damit richtig gut, doch an einem anderen Tag bekommt es mir gar nicht. Warum ist das so?

Beim Reizdarmsyndrom, einem empfindlichen Bauch und Nahrungsmittelunverträglichkeiten ist es besonders frustrierend, dass sie sich bei jedem unterschiedlich äußern. Wie bereits erwähnt, spielen Stress und Sorgen eine enorme Rolle – und umgekehrt. Manchmal kann ich zum Beispiel Trockenfrüchte essen, und ich fühle mich dabei rundum wohl. Aber wenn ich an einem anderen Tag müde bin oder Stress hatte, können sie meinen Bauch vollkommen durcheinanderbringen. Für mich ist es entscheidend, mir einzugestehen, wenn ich erschöpft und gestresst bin – und entsprechend zu essen.

Nehmen Sie sich zehn Minuten Zeit, darüber nachzudenken und zu notieren, was heute Stress ausgelöst hat. Der Partner oder die Partnerin, die Arbeit, das Gewicht, eine bevorstehende Veranstaltung – ich wette, es dauert nicht lang, ein paar Auslöser zu finden. Dann denken Sie darüber nach, welche Nahrung Sie zu sich genommen haben oder für den Rest des Tages noch essen werden. Wenn Sie beispielsweise wissen, dass Ihr Frühstück ein paar Nahrungsmittel mit einem mittleren FODMAP-Gehalt enthielt, und Sie erschöpft sind oder nachts schlecht geschlafen haben, sollten Sie dafür sorgen, an diesem Tag nur noch FODMAP-arme Lebensmittel zu essen und so auf Ihren Körper und auf Ihre Speisen achten.

Hilfe! Ich habe versehentlich eine große Menge FODMAP-reicher Nahrung zu mir genommen. Kann ich irgendetwas tun, um die Symptome zu lindern oder zu vermeiden?

Leider ist es nicht leicht, Symptome zu vermeiden, wenn man aus Versehen FODMAP-reiche Speisen gegessen hat. Glauben Sie mir – ich würde Ihnen nur allzu gern ein Wundermittel nennen! Doch was mir immer hilft, auch wenn es je nach Situation ein bisschen peinlich ist: Ich massiere meinen Magen mit kreisförmigen Bewegungen. Vielleicht sehen Sie dabei ein wenig verrückt aus und bekommen Muskelkater im Arm, aber es regt tatsächlich die Verdauung an – insbesondere wenn Sie unter Blähungen leiden.

Warum liefern Lebensmittellisten manchmal unterschiedliche und widersprüchliche Informationen?

Bei den FODMAP-Angaben in der Literatur gibt es ein paar Unstimmigkeiten. Das liegt größtenteils an den saisonalen Unterschieden in der Nahrungsqualität. Eine Tomate, die beispielsweise in einem warmen Klima gereift ist, hat unter Umständen einen etwas anderen Fruktosegehalt als eine Tomate aus dem Treibhaus. Wie immer gilt auch hier: Wenn Sie sich nicht sicher sind, probieren Sie eine kleine Portion aus und beobachten Sie, wie sie Ihnen bekommt, oder sprechen Sie mit einem Ernährungsberater.

Ich habe das Gefühl, ein Vermögen für glutenfreies Mehl und andere FODMAP-freundliche Zutaten auszugeben. Wie kann ich Geld sparen?

Fertig gekaufte, industriell verarbeitete weizen- und glutenfreie Produkte können sehr teuer und recht häufig auch unnötig sein. Wenn Sie Ihre eigenen Mahlzeiten mit von Natur aus FODMAP-armen Zutaten zubereiten und weniger industriell verarbeitete Lebensmittel kaufen, kann das eine Möglichkeit sein, um Geld zu sparen.

Kaufen Sie, sofern möglich, alle paar Tage ein bisschen was ein, sodass Sie keine Lebensmittel verschwenden, und versuchen Sie, sich regional und saisonal (siehe Seite 41) zu ernähren, wann immer es geht.

FODMAP-freundliches Backen ist im Allgemeinen teurer – das lässt sich kaum vermeiden. Doch stellen Sie es sich als Investition in nährstoffreiche Zutaten vor, die nicht nur besser für Ihren Körper sind, sondern auch langfristig preiswerter, wenn Sie kein Geld mehr für Chips, Schokolade und Snacks ausgeben. Ein guter Trick: Kaufen Sie weizen- und glutenfreies Mehl in großen Mengen im Internet auf Vorrat. Und denken Sie daran, dass viele Supermärkte inzwischen ihre eigenen Mehlsorten und Fette wie Kokosöl verhältnismäßig preiswert anbieten.

Wirkt sich Bioqualität auf den FODMAP-Gehalt aus?

Nein, der FODMAP-Gehalt eines Lebensmittels ist nicht davon abhängig, ob es aus Bio-Produktion oder aus konventioneller Herstellung stammt. Die FODMAP-Zucker sind in der Nahrung enthalten, werden aber durch die Herstellungs- oder Ernteweise überhaupt nicht beeinflusst. Wie bereits erwähnt, kann es allerdings Unterschiede bei dem gleichen Lebensmittel aufgrund saisonaler Schwankungen geben.

Ist Alkohol FODMAP-freundlich?

Jeder, der mich gut kennt, weiß, dass ich eine Schwäche für Gin Tonic im Freundes- oder Familienkreis habe – also würde ich diese Frage gerne mit Ja beantworten. Allerdings ist bekannt, dass übermäßiger Alkoholgenuss den Darm irritiert. Beschränken Sie sich darum lieber auf ein oder zwei Drinks ab und zu. Wenn Sie Alkohol trinken, sollten Sie nicht mischen, um die Gefahr von Symptomen zu reduzieren. Das am weitesten verbreitete potenzielle Problem beim Alkohol ist die darin enthaltene Fruktosemenge, insbesondere in Mixgetränken mit Fruchtsaft, süßen Cocktails mit Rum, Sekt und Dessertwein – achten Sie also darauf, diese zu meiden.

Brauche ich täglich Nahrungsergänzungsmittel?

Ich persönlich nehme keine Nahrungsergänzungsmittel speziell für mein Reizdarmsyndrom, aber ich habe ein paar kleine Rituale. So versuche ich immer, morgens meinen Tag mit einer Tasse heißen Wassers mit Zitrone zu beginnen – das macht wach und regt den Verdauungstrakt an, wenn er noch schläft. Und ich trinke den ganzen Tag über Minztee. Minzöl und Minztee werden schon seit Tausenden von Jahren verwendet, um eine Vielzahl von Verdauungsbeschwerden und Problemen mit dem Magen-Darm-Trakt zu lindern, und ich liebe das Zeug. Es reduziert die Schmerzen von Krämpfen, Blähungen und Magenverstimmungen und hilft bei der Beruhigung des Darms und der Muskeln im Verdauungssystem, während es den gesamten Verdauungstrakt anregt, damit er optimal funktioniert.

Ich halte mich nun schon seit einer Weile an die Diät, doch sie scheint mir noch immer nicht zu helfen. Was soll ich tun?

Zuallererst: Sie sind nicht allein! Ich weiß, wie frustrierend es sein kann, wenn Sie das Gefühl haben, dass es nicht funktioniert. Doch denken Sie immer daran: Wirklich jeder Mensch ist anders, und es braucht Zeit, bis unser Körper und Verdauungssystem ins Gleichgewicht kommen und heilen. Das Leben kann so anstrengend sein, und es ist oft schwierig, die Balance zu finden – seien Sie also nicht zu streng zu sich selbst. Ebenso fröhlich wie gesund zu sein, ist das Allerwichtigste. Achten Sie darauf, die Ausschlussphase richtig durchzuführen, mindestens acht Wochen lang, und wenn es Ihnen dann immer noch schlecht geht, suchen Sie bitte noch einmal Ihren Arzt auf und bitten ihn um Hilfe oder weitere Untersuchungen.

WEITERFÜHRENDE INFORMATIONEN UND LITERATURHINWEISE

WEITERFÜHRENDE INFORMATIONEN

Natürlich hoffe ich, dass dieses Buch Ihnen wertvolle Ratschläge liefert, doch es kann nur an der FODMAP-Oberfläche kratzen. Es gibt eine ganze Menge hervorragender Informationen da draußen, aber wie ich im Laufe dieses Buches mehrfach erwähnt habe, empfehle ich Ihnen, den Rat eines examinierten Ernährungsberaters zu suchen, wenn Sie die Diät in Angriff nehmen. Fragen Sie Ihren Allgemeinmediziner oder Ihren Facharzt, ob er Ihnen einen Ernährungsberater nennen kann, der sich auf die FODMAP-arme Diät spezialisiert oder Erfahrung im Umgang damit hat. Beide können Ihnen helfen, Elemente dieser Ernährungsweise speziell für Sie anzupassen, und Sie im Hinblick auf Ihre individuellen Unverträglichkeiten beraten.

NÜTZLICHE INTERNETSEITEN

Selbsthilfe und Rat bei RDS:
http://www.reizdarmselbsthilfe.de
Informationen:
https://www.netdoktor.de/krankheiten/reizdarm
Infos, Rat und Austausch mit anderen Betroffenen:
http://www.magendarm-forum.de
Rat, Infos und Hilfe bei Zöliakie: www.dzg-online.de
Für Morbus Crohn- und Colitis ulcerosa-Patienten:
http://www.kompetenznetz-ced.de/darmerkrankungen

TOLLE LÄDEN FÜR DIE FODMAP-FREUNDLICHEN GRUNDBEDÜRFNISSE

Wenn ich Zutaten kaufe, gehe ich normalerweise zuerst in einen guten Bioladen oder ins Reformhaus. Doch inzwischen bieten auch zahlreiche Lebensmittelmärkte eine große Vielfalt an. Manche Produkte bekommt man mittlerweile sogar im Discount- oder im Drogeriemarkt; die Auswahl ist allerdings noch überschaubar.

Bei Zutaten, die es im normalen Handel selten gibt oder die einfach schwierig zu beschaffen sind, hilft das Internet:

Bei www.querfood.de und bei www.glutenfreigeniessen.de kann man so ziemlich alles bestellen, was das FODMAP-freundliche Herz begehrt. Die Versender haben sich auf glutenfreie, weizenfreie und laktosefreie Produkte spezialisiert. Besonders praktisch: Eine Auswahlliste macht es jeweils möglich, eventuelle Allergene abzuwählen, sodass man nur geeignete Lebensmittel und Getränke vorgeschlagen bekommt.

Es gibt weitere Versender für FODMAP-arme Lebensmittel – geben Sie das Stichwort einfach in die Suchmaschine ein.

FORSCHUNGSLITERATUR ZUM THEMA FODMAPS

Shanti L. Eswaran, William D. Chey, Kenya Jackson, Sivaram G. Pillai, Samuel W. Chey, Theresa Han-Markey. 821 »A Low FODMAP Diet Improves Quality of Life, Reduces Activity Impairment und Improves Sleep Quality in Patients With Irritable Bowel Syndrome und Diarrhea: Results From a U.S. Randomized, Controlled Trial«. Gastroenterology, 2016; 150(4): S172.

Shepherd SJ und GRDSon PR: »Fructose malabsorption and symptoms of irritable bowel syndrome: guidelines for effective dietary management«, J. Am. Diet. Assoc. 2006; 106(10): 1631–9.

Staudacher, H. M., et al. »Comparison of symptom response following advice for a diet low in fermentable carbohydrates (FODMAPs) versus standard dietary advice in patients with irritable bowel syndrome.« J Human Nutr Diet 2011; 24(5): 487–495.

Hilfe speziell für Frauen mit Darmbeschwerden bietet der Bundesverband für Gesundheitsinformation und Verbraucherschutz – Info Gesundheit e.V., Heilsbachstr. 32, 53123 Bonn, Tel. (0228) 9379950, Internet: www.frauen-darmgesundheit.de.

Listen mit Angaben zu Lebensmitten mit einem hohen, mittleren und niedrigen Gehalt an FODMAPs und Tabellen finden Sie hier:

http://my-fodmap.blogspot.de – interessantes Blog zum Thema und eine deutschsprachige FODMAP-App für Android-Smartphones.

In englischer Sprache gibt es für Android diverse, empfehlenswerte Apps – einfach in die Suchmaschine eingeben »FODMAP App«.

Auch fürs iPhone sind mehrere englischsprachige Apps verfügbar – und seit 2017 sogar eine sehr gut gemachte in Deutsch!

Alle Angaben waren zum Zeitpunkt der Veröffentlichung korrekt.

Register

L

M

Danksagung

Ich werde es nicht schaffen, mich hier so glücklich und eloquent auszudrücken, wie ich es gerne täte – also lege ich einfach los.

Dieses Buch zu schreiben, hat mir Kraft gegeben; es war außerdem inspirierend und eine emotionale Angelegenheit. Möglich ist es nur geworden dank vieler toller Menschen, die mich hinter den Kulissen unterstützt haben. Dass Menschen sich die Zeit nehmen könnten, eines meiner Rezepte nachzukochen, oder zu lesen, was ich zu sagen habe, und dass beides das Leben von Personen, die unter einem empfindlichen Darm leiden, ein wenig leichter machen könnte – das ist eine einfach überwältigende Vorstellung. Ich möchte jedem Einzelnen danken, der dieses Buch gekauft und mich auf dem Weg dorthin unterstützt hat. Ich verspreche, dass ich jede Nachricht, jeden Kommentar und jede E-Mail, die ich erhalte, lese und unendlich wertschätze.

Rob – Worte reichen nicht aus, um zu erklären, wie glücklich ich bin. Danke für dein beständiges Lachen und deine Liebe, auch wenn ich mich schrecklich verhalte (was offensichtlich selten der Fall ist …). Ich danke Dir dafür, dass Du nie meinst, meine Ideen seien zu verrückt oder zu groß, und dafür, dass Du mich bei jedem Schritt auf meinem Weg begleitest. Ohne dich könnte ich das einfach nicht – und ich hoffe, dass ich es nie werde tun müssen.

Ein herzlicher Dank geht an meine wunderbaren Mitbewohnerinnen und Freundinnen, Dorothy und Ruth, die sich niemals beklagen, wenn ich den gesamten Platz im Küchenschrank für Zutaten nutze oder wenn es keine sauberen Löffel mehr gibt, weil ich alle für das Ausprobieren meiner Rezepte gebraucht habe. Ihr habt mir das Ganze sehr erleichtert; danke, dass ihr mein Korrektiv seid.

Vielen Dank an das wunderbare Team von Hodder, dass ihr mich mit offenen Armen in die »Yellow Kite«-Familie aufgenommen habt. Ein besonderer Dank gilt Maddy, meiner fantastischen Lektorin, die mir diese Chance gegeben hat und seitdem ständig mit Begeisterung und Geduld für mich da ist. Becca, Caitriona, Aimee – ich bin so dankbar für all eure harte Arbeit.

Louise, danke, dass du von Anfang an alles richtig verstanden hast. Deine Vision, dein Design und deine Energie sind beeindruckend. Malou, ich bin begeistert, dass du dich an diesem Projekt beteiligt hast. Durch unermüdliche Arbeit ist die perfekte Aufnahme gelungen; selbst die einfachsten Rezepte hast du zum Leben erweckt. Ich danke euch beiden, dass ihr alles so schön gestaltet habt – nun sieht es so leicht aus.

Ich danke auch dem Rest des Fotografenteams – Henrietta, ich habe deine zauberhafte Arbeit jeden Tag gesehen. Danke, dass du dafür gesorgt hast, dass die Speisen so lecker aussehen, wie sie schmecken. Megan, Alex, Suzie, Charlotte und Lydia – danke für all eure harte Arbeit, Geduld und gleichbleibende Energie. Ihr seid alle fantastisch, und es war eine Riesenfreude, mit euch zu arbeiten. Ein ganz großer Dank an Sarah für ihre Zeit sowie ihren unschätzbaren Rat und an Ruth, die dieses tolle Team zusammengestellt hat.

Luke, deine Arbeit ist beeindruckend, und den Fotografieunterricht, den du mir zwischendurch erteilt hast, habe ich sehr geschätzt. Ich danke dir und Allison sowie Gillian und Kevin dafür, dass ich Chaos in euren Küchen anrichten durfte, als meine zu klein war.

Annika, Jules und »meine starken, unabhängigen Frauen« (ja, das habe ich hier wirklich geschrieben; und ihr wisst, dass ihr das seid) – ich danke euch dafür, dass ihr die besten Freundinnen seid, die sich ein Mädchen nur wünschen kann. Und den Freunden meiner Familie danke ich, dass sie uns »Kindern« immer das Gefühl gegeben haben, wir seien unbesiegbar im Leben. Den Kindern der Freunde der Familie möchte ich danken, dass sie zusammen mit mir »unbesiegbar« sind; ohne euch hätte ich das nicht geschafft.

Zu guter Letzt danke ich meiner Familie für die grenzenlose Begeisterung, Unterstützung und dafür, dass ihr von Anfang an meine größten Fans wart. Mama, Papa und Eve – ich habe ein Buch geschrieben! Es wird nie Worte, Sätze oder Kapitel geben, die ausreichen, um die Unterstützung und Liebe zu beschreiben, die ihr mir jeden Tag entgegenbringt. Ihr seid die beste Familie, die es je gegeben hat. Ich liebe euch.

Folgen Sie »She Can't Eat What?!«
www.shecanteatwhat.com
instagram.com/shecanteatwhat
facebook.com/shecanteatwhat
twitter.com/shecanteatwhat

Bibliografische Information der Deutschen Nationalbibliothek:
Die Deutsche Nationalbibliothek verzeichnet diese Publikation in der Deutschen Nationalbibliografie.
Detaillierte bibliografische Daten sind im Internet über http://d-nb.de abrufbar.

Für Fragen und Anregungen:
info@rivaverlag.de

1. Auflage 2018

Nymphenburger Straße 86
D-80636 München
Tel.: 089 651285-0
Fax: 089 652096

Die englische Originalausgabe erschien 2017 bei Yellow Kite/Hodder & Stoughton, Großbritannien, unter dem Titel *The FODMAP Friendly Kitchen*. Text © Emma Hatcher 2017. Vorwort © Fodmap Friendly Pty Limited 2017

Übersetzung: Birgit Irgang
Redaktion: Katrin Koelle
Umschlaggestaltung: Laura Osswald, in Anlehnung an die Originalgestaltung von Louise Leffler
Umschlagabbildungen: © Malou Burger 2017
Abbildungen im Innenteil:
Fotos auf den Seiten 2, 4, 17, 24, 27, 31, 35, 45, 50, 52, 59, 60, 65, 69, 75, 77, 81, 83, 93, 97, 103, 105, 106, 109, 111, 125, 131, 137, 141, 143, 145, 147, 153, 159, 161, 163, 173, 177, 191, 198, 205, 209, 211, 215, 219, 231: Fotos auf den Seiten 7, 13, unten rechts 28, 37, 38, 55, 63, 79, 83, 87, 94, 121, 129, 156, 164, 167, 182, 185, 212, 227, 240: © Luke Fullalove 2017
Foto auf Seite 36: © Dorothy Cross 2017
Abbildungen auf den Seiten 3, 10, 11, 18, 19, 20, 21, 23, 28, 29, 41, 46, 47, 48, 72, 118, 134, 170, 198, 221–225: © Shutterstock.com
Alle anderen Fotos: © Emma Hatcher 2017
Satz: Satzwerk Huber, Germering
Druck: Firmengruppe APPL, aprinta Druck, Wemding
Printed in Germany

ISBN Print 978-3-7423-0392-9
ISBN E-Book (PDF) 978-3-95971-914-8
ISBN E-Book (EPUB, Mobi) 978-3-95971-915-5